Cause
toujours !

Éric Trappeniers
Alain Boyer

Cause
toujours !

À QUOI ON OBÉIT
QUAND ON DÉSOBÉIT

COULEURPSY

SEUIL

COLLECTION DIRIGÉE PAR MONY ELKAÏM

ISBN : 2-02-084591-1

© Éditions du Seuil, mars 2006

www.seuil.com

Introduction

Nous nous sommes tous trouvés, à un moment ou à un autre de notre vie, en difficulté face à une autorité à laquelle nous devons rendre des comptes : enfants, nous devons obéir à nos parents ; parents, nous devons nous faire obéir ; supérieurs hiérarchiques, nous donnons des ordres ; subordonnés, nous en recevons. Quand il nous faut obéir, nous éprouvons parfois le sentiment que l'on porte atteinte à notre liberté individuelle ; et quand il s'agit de nous faire obéir, d'autres obstacles apparaissent : nous craignons de porter atteinte à la liberté de l'autre, ou bien nous nous heurtons, de sa part, à un refus tous azimuts. Nous avons beau exiger, réclamer, crier, rien n'y fait... « J'ai beau lui parler sur tous les tons, il ne m'écoute pas. »

Nous sommes bien sûr outrés de voir un enfant ou un

adolescent nous désobéir ouvertement, car il nous semble que l'obéissance va de soi. Du moins tentons-nous de nous en convaincre. Or les difficultés que nous venons d'évoquer montrent bien qu'il n'en est rien. Obéir n'a rien de naturel : cela suppose que les deux parties aient un sens commun et un minimum de désir de vivre ensemble. Ce sens et ce désir sont la seule assise légitime d'une autorité. Et, sans obéissance ni autorité, aucune vie commune n'est possible – sauf la soumission grégaire à un pouvoir coercitif accompagnée du renoncement à toute responsabilité individuelle.

Et lorsqu'on se retrouve confronté non plus à une seule personne, quelle qu'elle soit, mais à un groupe ou un corps professionnel, les difficultés ne sont pas moindres, au contraire : la négociation et même la conversation sont d'autant plus difficiles à engager et à mener à bien qu'on a affaire à des groupes plus larges, qu'il s'agisse d'enseignants, d'éducateurs, de policiers ou de cadres…

Tous les parents savent que se faire obéir ne va pas de soi ; nous voudrions, dans ce livre, leur montrer qu'obéir ne va pas de soi non plus. Les deux positions sont bien plus complexes qu'on ne l'imagine, et, lorsque la situation se bloque – lorsque par exemple un enfant refuse systématiquement d'obéir à ses parents –, il n'est pas facile de sortir de l'impasse. Ce livre voudrait aider le lecteur à comprendre comment, à tel moment, dans tel contexte, apparaissent des comportements que nous qualifions de désobéissance, mais dont la raison d'être est bien plus profonde. Quand celle-ci n'est pas décelée ou comprise, ils deviennent à leur tour source de malentendus, de souffrance, voire de haine et d'agressions réciproques. Et la situation empire encore, se bloque, devient un jeu sans fin où les deux parties sont piégées.

Pour parvenir à se faire obéir, il est donc nécessaire de comprendre les ressorts cachés de l'obéissance et de la désobéissance. C'est ce à quoi nous allons nous employer dans les chapitres qui suivent.

1
Pourquoi m'as-tu fait ça?

Il va de soi pour chacun d'entre nous que l'autre ou les autres auxquels j'ai affaire voient les choses comme je les vois. Comment pourrait-il en être autrement? Ce serait dire que je suis sans arrêt dans l'erreur ou, pour le moins, marginal.

Malheureusement, c'est l'inverse qui, bien souvent, se vérifie: l'autre ou les autres auxquels j'ai affaire ne voient pas les choses comme je les vois. La preuve: quand je leur demande de faire quelque chose, ils ne le font pas comme j'attends qu'ils le fassent, et ce, apparemment, sans la moindre mauvaise volonté de leur part. Alors se pose la question de l'obéissance et de la désobéissance: pourquoi ne font-ils pas ce que je leur demande de faire comme j'attends qu'ils le fassent?

Pierre ne fait pas ce que je lui demande comme j'attendais qu'il le fasse. Si Pierre m'est indifférent, je ressens quelque désagrément de n'avoir pas obtenu le résultat escompté, mais sans plus ; j'en conclus qu'il ne doit pas être très malin et, dorénavant, je ferai appel à quelqu'un d'autre pour obtenir le résultat que je souhaite.

En revanche, si la personne de Pierre ne m'est pas indifférente, je ressens tout autre chose que le simple désagrément de n'avoir pas obtenu le résultat escompté. L'enjeu n'est plus seulement le résultat, mais ce que j'imaginais de la relation qui se joue entre nous. J'en attendais confirmation – Pierre voit bien les choses comme moi –, voici que j'en reçois infirmation : Pierre ne voit pas les choses comme moi. Comment cela est-il possible ? Pourquoi me faire ça à moi, qui avais toujours eu confiance en lui ?

Nous venons de parler de moi face à Pierre. Mais qu'en est-il de Pierre ? Qu'a-t-il ressenti quand j'ai formulé ma demande ? Qu'a-t-il ressenti quand il s'appliquait à faire ce qu'il avait compris de ma demande ? Que ressent-il quand il me voit si mécontent ?

Car ces places diverses, que nous avons résumées à deux par souci de clarté pédagogique, chacun et chacune d'entre nous les tient, peu ou prou, à l'un ou l'autre moment de son existence.

Le propos de ce livre n'est pas de donner des recettes permettant d'obtenir de l'autre ce qu'on veut, mais d'essayer de faire comprendre la structure relationnelle qui est génératrice des multiples figures de ce qu'on appelle la désobéissance et par conséquent, aussi, de l'obéissance. Sans oublier que cette relation, dont

12

certains imaginent – s'agissant par exemple de leur conjoint(e) ou de leur(s) enfant(s) – qu'elle relève du seul domaine privé, est traversée de part en part par les représentations sociales, et en ce qu'elles ont de plus contraignant : le droit.

Or ce droit est lui-même traversé de part en part par une notion : celle de contrat – contrat de mariage, contrat de vente, contrat de travail, etc.

Un contrat, c'est bien cela que j'avais passé avec Pierre, ce Pierre qui m'était complètement indifférent. Mais aussi ce Pierre qui ne m'est pas indifférent si, en effet, ce que j'attendais de lui, sans me le dire à moi-même aussi ouvertement, était un retour sur investissement. Voilà qui en dit long sur le contrat de mariage tel qu'il est inscrit dans notre code civil : les personnes ni leurs relations autres qu'intéressées n'ont rien à y voir. Réfléchissons donc un instant sur ce que peut bien être un « contrat » et si l'on ne pourrait pas envisager une autre façon de s'entendre avec ceux dont nous partageons la vie.

Je peux avoir affaire à eux *pour* faire quelque chose que j'ai décidé de faire, et parce que, *pour* cela, j'ai besoin de l'aide de quelqu'un – ou d'un groupe –, qui ait certaines particularités que tu me parais présenter – que tel groupe me paraît présenter :

– pour fonder une famille, par ce que l'on appelait autrefois un mariage de raison, ce qui passe aujourd'hui pour une pratique d'un autre âge alors que c'est ainsi que vivent – mal, parfois – nombre de nos contemporains : pensons à tous les parents qui restent en couple *pour* les enfants, *pour* ne pas se retrouver seul chacun de son côté, *pour* ne pas faire de peine à l'autre, *pour* les avantages économiques que cela présente, etc. ;

– pour militer au service de quelque cause : celle de Dieu, de la Révolution, des femmes, des travailleurs, des enfants, etc.

– pour travailler sur une exploitation agricole ou à quelque projet et/ou à quelque programme commun, etc.

Dans ce cas, si fonder une famille telle que je l'imaginais s'avère impossible avec toi, pour l'une ou l'autre raison, s'il s'avère que les enfants n'ont plus besoin de moi, que tu ne suffis plus à remédier à mon sentiment d'isolement, ou que le groupe n'y suffit plus, que les avantages économiques que je retire ne sont plus si évidents, que la Révolution s'avère illusoire, que je ne crois plus à la cause à laquelle je me dévouais avec toi et/ou avec les autres, que l'exploitation agricole fait faillite, que le projet est arrivé à terme, que le programme est rempli, etc., bref, que ne tiennent plus les raisons pour lesquelles j'avais décidé de m'engager à tes côtés et/ou à vos côtés non pas en fonction de *qui* tu étais ni de *qui* étaient les membres du groupe mais en fonction de telle ou telle particularité qui m'intéressait en toi et/ou en eux, eh bien il n'y a plus de raison à ce que demeure notre alliance. Ce qui entre nous faisait office de lien ayant disparu, il n'y a plus de lien.

Ce qui est premier là est le but à atteindre, *l'objet* pour lequel nous nous sommes associés. Sans doute notre coopération, notre collaboration, était-elle efficace, agréable même éventuellement. Peut-être éprouvons-nous du chagrin à nous séparer. Il n'empêche : « n'ayant plus rien à faire ensemble », comme on dit si justement, de même d'ailleurs que, au temps de notre coopération, nous n'avions rien à faire ensemble, peut-être, en dehors des heures que nous consacrions à l'activité commune, chacun, ayant rempli son rôle, part de son côté. L'alliance, là, n'est que transitoire, quelque amer que puisse en être le verdict si l'un ou l'autre s'imagine qu'il s'agit d'une véritable relation, qu'il est accueilli pour *qui* il est et pas seulement pour *ce qu'*il est, que ce qui est premier est le plaisir de bien vivre ensemble. Bien vivre ensemble n'est qu'une retombée éventuelle, mais nullement nécessaire, de la collaboration.

Le motif, en ce cas, est en définitive de l'ordre de l'intérêt que présente, pour chacun – c'est un intérêt privé –, le fait de nous associer, de passer ensemble un *contrat*.

Mais je peux aussi avoir affaire avec toi – et/ou avec d'autres –, non pas *pour* ceci ou pour cela, mais parce que c'est comme ça, parce que, à ce moment de ma vie, ça arrive, c'est là. Peu importe de quelle façon se présente ce « c'est-comme-ça » : coup de foudre amoureux devant telle personne, naissance de tel enfant ou de tel frère ou de telle sœur, arrivée dans tel quartier ou tel village – pour cause de déménagement, ou de migration ou de déplacement, etc. –, nomination à tel poste, etc. Ce qui est important est que ça arrive, sans que je puisse faire que ça n'arrive pas, sans que je puisse faire comme si ça n'arrivait pas. Bref : c'est que je ne maîtrise rien. Ce qui importe d'abord n'est pas *ce que* nous ferons ou vivrons ensemble en fonction de ce que *je* déciderai, mais *le fait que* nous sommes appelés à faire, à vivre, quelque chose ensemble.

Ce que nous sommes alors appelés à faire ensemble, à vivre ensemble, si nous y consentons – c'est la seule marge de maîtrise, puisque je peux le refuser –, a comme sens, non pas de produire ceci ou cela où nous trouverions l'un et l'autre un intérêt, la satisfaction d'un besoin, etc., mais de permettre que, grâce au pacte que nous passons, nous vivions ensemble le mieux possible.

Pourquoi parler là de pacte? Parce que ce dont il s'agit avant tout quand on veut vivre bien ensemble est de le faire dans la paix; et un pacte, c'est la convention passée, pour établir la paix, entre des hommes et des femmes qui, auparavant, n'avaient rien à partager. Or ce qui fait que nous avons affaire ensemble est, d'entrée de jeu, une contrainte, une violence que je subis: ça me tombe dessus, comme on dit – «Je tombe amoureux», «Je tombe enceinte», «En arrivant dans cette équipe, je suis bien tombé», etc. –, *c'est là*, ça arrive, c'est comme ça, à nous de convenir ensemble de ce que nous voulons en faire, de donner un sens à ce qui n'en a encore aucun.

L'inconvénient qu'il y a à parler de contrat est que, dans bien des circonstances, et tout particulièrement quand il s'agit des enfants, les contractants prétendument libres occupent des positions qui font qu'ils ne sont pas également libres: il y a d'un côté les représentants du pouvoir, sous quelque forme que ce soit, et de l'autre les assujettis – penser au «contrat» de travail entre le chômeur toujours potentiel, qui n'a que sa force de travail, et le patron qui dispose des moyens de travail sans lesquels la force de travail n'a aucune valeur. Ce que masque hypocritement le terme « contrat » est la violence de cette situation : les dés sont pipés au départ. Or cela se vérifie partout : quand j'arrive dans un groupe, dans un immeuble, dans une entreprise, les hommes et les femmes qui sont déjà là, avec les habitudes de vie qui leur semblent aller de soi, ont le pouvoir de me considérer comme un intrus ou de m'accueillir. Dans ce dernier cas, nous sommes appelés, les uns et les autres, les « anciens » comme le nouveau venu, à convenir de la façon dont nous vivrons désormais ensemble, des façons de faire que nous nous engageons à respecter les uns et les autres. Nous voici responsables, les uns et les autres, du devenir de ce que nous avons été amenés à partager. Ce qui, au départ, m'était « tombé » dessus devient ce que nous avons à construire ensemble.

2
Obéir
n'est pas se soumettre

Pour que nous sachions bien tous de quoi nous parlons, il est nécessaire, avant de dire quoi que ce soit sur l'obéissance, de poser une distinction. Par le même mot, « obéissance », le langage courant désigne deux attitudes différentes. Il y a celle que des adultes investis d'une autorité demandent à des enfants – et parfois à d'autres adultes dans certains contextes. Il y a celle que demande à ses subordonnés, adultes ou enfants, quelqu'un qui est en position de pouvoir. Dans le premier cas il s'agit d'obéissance ; dans le second, il s'agit de soumission. Or, confondre les deux a en général de fâcheuses conséquences.

DEUX ATTITUDES

L'obéissance, dont il sera question dans ce livre, a pour but de faire grandir celui, celle ou ceux à qui quelqu'un ayant autorité demande d'obéir. C'est le cas, prioritairement, des enfants, qui doivent obéissance d'abord à leurs parents puis à leurs éducateurs divers, dont les enseignants. Quand il s'agit d'adultes, si on leur demande d'obéir, c'est, nous le verrons, pour permettre que la vie ensemble soit possible, ce qui serait impensable si chacun ne suivait que son caprice ou son intérêt particulier. La caractéristique fondamentale de cette obéissance est qu'elle est au service de ceux dont on exige qu'ils obéissent et au service de la vie commune, par laquelle tous et chacun ont le souci que tous et chacun vivent ensemble au mieux.

La soumission, qui est évoquée ici pour en montrer le piège, a pour caractéristique fondamentale exactement le contraire. Ceux dont on prétend exiger qu'ils « obéissent » doivent là, à la vérité, se soumettre, non pas à une autorité qui les fait grandir ou qui leur permet de vivre bien ensemble, mais à un pouvoir qui a besoin de leur soumission pour atteindre ses objectifs à lui, particuliers.

Ce pouvoir peut s'exercer de deux façons. Ou bien il est exercé directement par une personne sur une autre personne. C'est le cas, par exemple, de celui qu'exerce la maîtresse de maison sur la femme de ménage. Souvent, la maîtresse de maison parle de « sa » femme de ménage, comme si elle lui appartenait au même titre qu'un objet. Et, de fait, la femme de ménage doit se soumettre – dans les limites fixées par la loi commune s'il y en a une – aux ordres que lui donne la maîtresse de maison pour atteindre son objectif à elle, privé : que sa maison soit bien tenue. Si cette femme de ménage qu'elle a embauchée ne lui permet pas d'atteindre l'objectif qui est le sien, particulier, elle la renvoie – dans les limites fixées par la loi commune s'il y en a une. Peu lui importe que la femme de ménage s'épanouisse ou non dans son travail, et son premier souci n'est pas qu'elles vivent bien toutes les deux ensemble – sinon parce que, dans ce cas, la femme de ménage travaillera de meilleur gré à son service. La soumission demandée n'a pas du tout pour but de servir l'intérêt de la femme de ménage ou de la vie commune à elle et à sa patronne.

Deuxième cas le plus fréquent dans les sociétés dites développées, ce pouvoir est exercé indirectement par l'intermédiaire de postes hiérarchiques plus ou moins nombreux. L'ouvrier doit se soumettre aux ordres d'un contremaître, la secrétaire doit se soumettre aux ordres d'un(e) chef de département, le travailleur social doit se soumettre aux ordres d'un(e) chef de service, l'infirmière doit se soumettre aux ordres de la surveillante, etc. ; à leur tour, le contremaître, le chef de département, le chef de service et la surveillante, etc., doivent se soumettre à celui ou à celle qui occupe le poste au-dessus ; et ainsi de suite jusqu'au directeur général, le « patron », la « patronne », qui parfois doit à son tour se soumettre aux ordres d'un conseil d'administration, lequel se soumet aux actionnaires. Malgré les discours mensongers que l'on entend parfois tenir, le but de tout cela n'est pas que chacun soit grandi par son travail, ni que tout ce monde vive bien ensemble – sinon parce que, dans ce cas, chacun travaillera de meilleur gré, comme l'ont compris les conseillers en management. La seule chose recherchée est que soient atteints les objectifs de l'entreprise, qu'elle soit privée, associative ou publique. Là non plus la soumission demandée n'a pas pour but d'être au service des gens qui travaillent au sein de l'entreprise ou de leur vie commune durant le temps où ils s'y côtoient. La vie quotidienne de millions d'entre nous – pour ne rien dire des licenciements – permet de vérifier cela tous les jours.

Que ce pouvoir s'exerce directement ou indirectement, il manifeste qu'il n'y a pas d'abord entre les personnes concernées une relation proprement humaine, de personne(s) humaine(s) à personne(s) humaine(s), mais un rapport marchand entre acheteur(s) et vendeur(s). La maîtresse de maison achète la capacité de travail de la femme de ménage, qui la lui vend pour un certain temps ; de même, tout en haut de la pyramide dans une entreprise, le patron, l'État ou les actionnaires achètent la capacité de travail des employés pour un certain temps ; parmi ceux-ci, ceux qui occupent des postes intermédiaires (directeurs et chefs divers) ne sont que les représentants de ces acheteurs, qui ont acheté leur capacité à veiller à ce que la capacité de travail de ceux qui occupent des postes inférieurs soit bien mise en œuvre. D'où le fait que la maîtresse de maison parle de « sa » femme de ménage ou l'entrepreneur de « ses » collaborateurs : ce que j'ai acheté ne m'appartient-il pas? Ces façons de parler ne vont pas sans entretenir une regrettable confusion : la capacité de travail d'une personne et cette personne elle-même ne sont pas exactement la même chose.

Revenons à ce qui nous intéresse plus particulièrement ici : l'obéissance des enfants à leurs parents et à leurs éducateurs divers. Que risque-t-il de se passer si nous, qui sommes parents ou éducateurs, nous ne faisons pas la distinction entre les deux attitudes : l'obéissance et la soumission? C'est-à-dire si nous transférons au sein de la famille ou dans le champ de l'éducation ou de l'enseignement le type de soumission qui règne dans le domaine du travail pour la majorité d'entre nous?

Si nous avons beaucoup de chance, il ne se passera rien : les enfants se soumettront sans broncher. Du moins dans l'immédiat.

Mais tout le monde n'a pas cette chance. Mieux vaut donc se demander ce qui risque de se passer dans le cas contraire. Plusieurs possibilités sont envisageables. Il est possible de les regrouper sous trois grands chapitres.

J'OCCUPE UN POSTE SUBALTERNE

Je travaille à un poste qui est au bas de l'échelle hiérarchique, ou j'occupe un poste situé sur un échelon intermédiaire. Il se peut que je vive comme insupportable, comme une soumission humiliante, le fait d'être obligé(e) d'obtempérer dans mon travail, que je ressente comme une oppression les contraintes qui me sont imposées et comme des brimades les remarques qu'on est amené à me faire éventuellement.

Je risque fort, alors, de ne pas supporter d'avoir à demander la moindre obéissance, ou d'avoir à faire la moindre remarque, à qui que ce soit, en famille, en classe, ou ailleurs. Car je me dis, sans peut-être m'en rendre compte, que ce serait soumettre à une insupportable humiliation, semblable à celle que j'éprouve moi-même dans mon travail, celui ou celle à qui je demande d'obéir, que ce serait les opprimer, les brimer. Notons au passage, et là, les choses se compliquent, que cela ne m'empêchera peut-être pas par ailleurs de me plaindre de ce que mes enfants, ou mes élèves, ou les enfants dont j'ai la garde, ou l'équipe dont je suis responsable, fassent n'importe quoi.

Notons aussi, quand il s'agit plus précisément de la famille, que la chose sera différente selon que je suis un homme ou une femme. Parce que, que nous le voulions ou non, nous trimballons peu ou prou dans notre tête que, se faire obéir, c'est d'abord le rôle du père – il n'y a pas si longtemps que cela que, dans le code civil, les termes d'« autorité parentale » ont remplacé ceux d'« autorité paternelle ».

Si donc je suis un homme, je ne comprends pas, à cause de ce que je ne supporte pas dans mon travail, pourquoi il me faudrait imposer quoi que ce soit à mes enfants. Que va-t-il vraisemblablement se passer ? Ceci : leur mère me le reprochera, et cela même si elle prétend elle-même ne pas supporter ce qu'elle qualifie de pouvoir oppressif. Elle me reprochera de ne pas être à la hauteur du rôle qui devrait normalement être le mien à ses yeux – et peut-être pas seulement à ses yeux à elle. Voilà qui n'arrangera rien. Au contraire. Non seulement je resterai tout aussi incapable de leur imposer sereinement quoi que ce soit, ou de leur faire sereinement une remarque, mais, en plus, elle me fera apparaître à leurs yeux comme un impuissant – et de même ceux qui pensent comme elle dans le reste de la famille, dans la belle-famille, dans le voisinage, etc.

En revanche, si je suis une femme, il paraîtra moins grave que je n'exerce ni pouvoir ni autorité. Ce qui ne veut pas dire que ce sera moins grave. Ni que ça ne nuira pas à la paix du ménage. Parce que le père en aura peut-être un jour assez d'apparaître comme le seul et « perpétuel » empêcheur de faire des bêtises en rond. Et non seulement aux yeux des enfants mais aussi à mes propres yeux de mère, car éventuellement, interprétant ses demandes d'obéissance comme je vis les demandes de soumission de mon chef, je lui reprocherai de les brimer et de les humilier.

J'OCCUPE UN POSTE DE COMMANDEMENT

Dans mon travail, je suis le patron, la patronne, ou j'occupe un poste situé sur un échelon intermédiaire – on dit : d'encadrement. Je vis comme allant de soi que ceux et celles qui sont sous mes ordres se soumettent au doigt et à l'œil, sans barguigner, et je vis comme insupportable le moindre manquement, le moindre retard; je considère même comme tout à fait normal que mes subordonnés anticipent sur ce que je pourrais leur demander, qu'ils fassent preuve d'un zèle à toute épreuve.

Je risque fort, alors, de ne pas supporter que les choses ne se passent pas de la même façon à la maison – ou dans ma classe, dans mon équipe, etc. Que l'on ne se soumette pas au moindre signe de ma part. Voire que tout ne se déroule pas comme je le souhaite sans même que j'aie à le dire. Comment se fait-il qu'il n'en aille pas ainsi? Je ne comprends pas. Tout fonctionnerait tellement mieux sans ce que je ne peux voir que comme des résistances idiotes.

Comme dans le cas précédent, la chose, dans la famille, sera différente selon que je suis un homme ou que je suis une femme. Mais à l'inverse. Toujours à cause de cette idée répandue qui veut que, se faire obéir, c'est l'affaire des hommes, des pères, plus que celui des femmes, des mères.

Si donc je suis une femme et que je ne comprends pas que les enfants puissent se permettre le moindre écart, faire de la résistance, que va-t-il vraisemblablement se passer? Ceci: leur père va me reprocher de ne pas lui laisser sa place auprès d'eux, puisqu'il ne peut plus jouer son rôle de «chef de famille», et cela même s'il se prétend lui-même hostile à ce qu'il qualifie d'insupportable pouvoir oppressif. Parfois même, réduit à ne plus jouer que le rôle d'un copain, il va se mettre de leur côté contre moi; ouvertement ou, plus fréquemment, sans en avoir l'air.

En revanche, si je suis un homme, il paraîtra plus banal que je sois intransigeant. Ce qui ne veut pas dire que ce sera moins grave. Ni que ça ne nuira pas à la paix du ménage. En effet, il y a de fortes chances que je mette leur mère au même régime que les enfants. Tout en ne comprenant pas, ensuite, qu'elle prenne parti pour eux contre moi.

JE N'AI PLUS OU PAS D'EMPLOI

Les cas, à la fois de plus en plus nombreux à cause du chômage et de moins en moins nombreux par choix délibéré, où je ne travaille pas, ou plus, comme subordonné(e), comme patron(ne) ou comme cadre, ne présentent pas de différences notables, sous cet angle, avec ce qui se passerait si je travaillais. Parce que je sais, par expérience si j'y suis passé, ou j'imagine, par tout ce que j'en entends dire, ce que sont ce qu'on appelle les relations de travail. Dès lors, je sais très bien où je me situerais : si je supporterais ou non que l'on me donnât des ordres, si je supporterais que l'on obtempérât ou non à ceux que je donnerais. Je risque donc tout autant que ceux et celles qui ont un emploi de faire la confusion entre les deux attitudes : l'obéissance et la soumission, et d'importer à la maison celle qui sévit sur les lieux de travail.

Cependant, le fait de ne pas avoir d'emploi de façon suivie peut être un facteur aggravant. Si j'imagine qu'obéir à un ordre serait une insupportable humiliation, je ne supporte aucune contrainte, voire aucune règle ; c'est ainsi que, dans certaines familles, ce sont les enfants qui, au moment de partir à l'école, doivent réveiller les parents. Si j'imagine que le moindre écart est une insupportable atteinte à mon statut, je suis sans arrêt, n'ayant rien d'autre à faire, sur le dos de mes enfants, dont je ne supporte pas la moindre incartade.

LES DIFFÉRENTES CONFIGURATIONS FAMILIALES

Enfin, il convient de noter que l'impact de cette confusion entre les deux attitudes : l'obéissance et la soumission, est différent selon les différents types de familles. Jusqu'à présent, nous nous en sommes tenus au type que l'on dit désormais « traditionnel » : le père, la mère et les enfants sont domiciliés à la même adresse. Or c'est loin d'être le seul.

Présence d'un seul parent

Dans ce qu'on appelle une « famille monoparentale » stricte, le fait que le parent, père ou mère, vivrait toute demande d'obéissance comme une insupportable soumission et que, par conséquent, il n'impose rien laisse les enfants désemparés : ils ne savent pas à quoi se raccrocher pour savoir ce qu'ils ont à faire ou non.

Cela ne sera pas sans conséquences très immédiates sur leur attitude à l'égard des instances extérieures à la famille : l'école, le quartier, la police, etc. Reproduisant l'attitude de leur parent, père ou mère, ils peuvent se retrouver marginalisés par rapport à ce que demandent ces instances : « Rien à cirer » ; l'ennui est que, s'ils n'en ont rien à cirer, l'école, le quartier ou la police, etc., risquent de vivre avec beaucoup moins d'indifférence tranquille de se voir ainsi ignorés. Ou bien les enfants y rechercheront à quoi se raccrocher en (comme on dit) se faisant remarquer ; ils peuvent le faire, c'est ce à quoi on pense d'abord quand on parle de « se faire remarquer », en affrontant ces instances par leur mauvaise conduite ; et voilà le parent, père ou mère, convoqué et sommé de tenir ses gosses. Mais ils peuvent aussi le faire en étant particulièrement attentifs à l'école, actifs dans le quartier, respectueux des lois et des règlements, etc. ; le risque est alors celui d'un conflit avec le parent, père ou mère, qui ne comprend pas pourquoi ils sont « toujours fourrés là-bas ».

Le fait que le parent soit allergique à la moindre dérogation, voire ne supporte pas que tout n'aille pas selon ses souhaits sans même qu'il soit nécessaire de les exprimer, coince les enfants. Ils n'ont plus que trois possibilités : se soumettre passivement ; se soumettre en apparence, et dissimuler leurs désobéissances ; se révolter. Cette révolte peut se tourner vers l'extérieur : brutalités, bagarres, insultes, etc. ; mais elle peut aussi se tourner contre soi-même : isolement, tristesse, manque d'appétit, fatigue inexpliquée, etc.

Là encore, cela ne sera pas sans conséquences très immédiates sur l'attitude des enfants à l'égard des instances extérieures à la famille : l'école, le quartier, la police, etc., auxquelles s'ajoutent, quand la révolte se tourne vers soi-même, les services médico-sociaux. On notera que, dans ce cas-là, le parent, père ou mère, se sent obligé de collaborer activement avec les instances extérieures à la famille, dont il attend qu'elles l'aident. Ce qui a pour conséquence que les enfants se sentent encerclés.

Parents séparés

Dans les familles dont un seul des parents est présent soit alternativement – résidence alternée –, soit continûment sans que l'autre soit pour autant totalement absent – droit de visite ou d'hébergement durant le week-end et/ou les vacances –, le risque est grand de retrouver, exacerbé, le conflit évoqué à propos de la famille de type « traditionnel » quand l'un ou l'autre (ou l'un et l'autre) des parents reproduit dans son comportement en famille la manière dont il se situe dans son travail par rapport au pouvoir et à la soumission.

Pourquoi exacerbé ? Parce que, d'une part, la séparation fait apparaître en plein jour des divergences qui jusque-là étaient peut-être restées feutrées. Et parce que, d'autre part, ce conflit vient s'ajouter à la souffrance qu'éprouvent les enfants à être déchirés entre leurs deux parents. Ce à quoi vient encore s'ajouter que les parents, souvent, se servent d'eux comme de projectiles pour se blesser l'un l'autre.

Les familles patchworks[1]

Dans le type de famille dit « traditionnel », il y a, dans la majorité des cas, un certain temps d'accommodation des uns par rapport aux autres : chacun sait plus ou moins prévoir comment l'autre, ou les autres, réagiront à ce qu'il fait ou à ce qu'il dit. Cela permet aux enfants d'adapter leur conduite aux attentes qu'ils imaginent être celles de leurs parents, qu'elles leur soient communes ou qu'il s'agisse, respectivement, de celles du père et de celles de la mère. Quand les parents importent dans la famille leur façon de se situer par rapport au pouvoir et à la soumission sur leur lieu de travail, les enfants sentent intuitivement ce qu'il en est et parviennent à se situer eux-mêmes, quelle que soit la façon dont ils le fassent.

En revanche, les familles de type patchwork présentent au moins trois facteurs de brouillage des pistes. La difficulté à repérer à qui, à quoi et comment il faut obéir en est accrue.

Le premier facteur de brouillage vient de ce que, si je savais comment se comportent mon père et/ou ma mère, et ce qu'ils attendent, je n'ai aucune idée de la façon dont va se comporter, ni de ce que va attendre, la nouvelle compagne de mon père, ou de ma mère, ou le nouveau compagnon de ma mère, ou de mon père.

---

1. Un patchwork est un tissu fait de morceaux issus de tissus précédents ; c'est l'exacte analogie d'une famille composée de membres issus de familles précédentes. Le qualificatif « recomposée » présente deux inconvénients : il évoque l'idée de décomposition ; il renvoie davantage au passé qu'à la richesse du présent.

Le deuxième vient de ce que le nouveau venu peut fort bien se comporter à l'inverse de mon père, et la nouvelle venue à l'inverse de ma mère. Me voici perplexe sur ce qu'est le rôle normal d'un homme ou d'une femme dans une famille.

Le troisième tient au fait que, bien souvent, quand on a connu ce qu'on vit comme un échec dans une précédente tentative de vie familiale, on s'applique à ne pas rater la suivante — souci qui va croissant au fur et à mesure des tentatives si elles se multiplient, dans l'espoir que « celle-ci, enfin, sera la bonne ». On va donc s'efforcer de suivre ce que l'on s'imagine être les règles de la bonne conduite, de quelque façon qu'on se les représente, et d'éviter de reproduire ce qui est, croit-on, la cause de l'échec précédent. Du coup, le risque se profile de ce que, attentif à ces règles que l'on imagine, on ne le soit plus vraiment à ceux ni à celles avec qui on a réellement à vivre quotidiennement, dans ce qu'ils ont d'unique.

POURQUOI CETTE CONFUSION ?

Heureusement, tout le monde ne confond pas ainsi des domaines aussi différents que la vie familiale et la vie de travail, des préoccupations aussi différentes que le souci de vivre bien ensemble et le souci d'être efficace et productif, et la plupart d'entre nous font bien la distinction entre l'une et l'autre, évitant ainsi les écueils que nous avons évoqués.

Reste une question quand cela se produit : comment

se fait-il que nous introduisions dans notre famille les façons de faire qu'on trouve sur les lieux de travail? Comment se fait-il que nous n'arrivions à penser ce que nous appelons l'obéissance qu'en termes de domination et de soumission, d'oppression et d'humiliation?

Certains avancent qu'il y aurait à cela un fondement biologique. Peut-être. Mais, si cela tient uniquement à la biologie, personne n'y peut grand-chose, à moins d'administrer quelque drogue baptisée « médicament ». L'inconvénient que présente à nos yeux ce type d'approche est qu'il déresponsabilise tout le monde, que personne n'y est plus pour rien, bref: que nous ne sommes plus des sujets acteurs de notre histoire mais seulement un paquet de molécules soumis à l'industrie pharmaceutique. Ce point de vue ne tient aucun compte du fait que nous vivons nécessairement dans un entourage qui nous façonne en même temps que nous le façonnons.

Si donc nous n'arrivons à penser l'obéissance qu'en termes de domination et de soumission, la contrainte qu'en termes d'oppression et d'humiliation, c'est que nous l'avons appris quelque part, que nous avons été façonnés à penser ainsi et, peut-être, à être incapables d'imaginer qu'il puisse en être autrement. À tel point même que, si nous avions l'occasion de voir autre chose, cela nous paraisse impensable, complètement irréaliste, et que nous refusions de le voir par peur d'avoir peur.

Parce que, tout de même, si je ne vois qu'humiliation dans ma position de subalterne, si je ne tolère pas qu'on me résiste quand je commande, comment se fait-il que je supporte une telle situation à longueur d'année? Comment se fait-il que je ne rende pas mon tablier ? Comment se fait-il que je n'aille pas voir ailleurs, comme on dit ?

On voit alors se profiler une autre différence entre l'obéissance à l'autorité qui fait grandir et la soumission au pouvoir qui me veut à son service : cette soumission, elle s'achète ; la domination ne tient que parce qu'elle peut acheter la soumission. Sur le lieu de travail, on achète ma soumission par mon salaire. Or j'ai besoin de mon salaire. Je suis donc contraint de me soumettre non seulement au pouvoir quand il donne des ordres pour le fonctionnement de l'entreprise, qu'elle soit privée, associative ou publique, mais encore à la menace qu'il fait peser de me priver de mon salaire si je résiste, voire si je fais mine de résister – ou, dans les professions dites libérales, de me priver de ma clientèle si je ne me soumets pas à ses attentes. En définitive, le salaire de ma soumission, c'est le salaire de la peur.

Il n'est pas sûr que la peur soit le meilleur sentiment à entretenir si l'on se donne pour objectif de faire grandir quelqu'un et de vivre bien ensemble. Elle entretiendrait plutôt la méfiance généralisée. Est-ce ce que nous souhaitons pour nos enfants, pour nos élèves, pour notre entourage ?

Non, bien sûr. Ne parlons donc plus de domination et de soumission : commençons à parler d'obéissance.

3
Il n'en fait qu'à sa tête

On imagine en général qu'obéir n'a rien de compliqué : obéir, c'est obtempérer à un ordre, à une injonction, que l'on reçoit de la part de la personne ou des personnes qui détiennent l'autorité. Et de l'enfant qui n'agit pas ainsi, on dit : « Il n'en fait qu'à sa tête. J'ai beau dire et beau faire, il ne fait que ce qui lui chante. » Sans se demander d'où vient cette musique qui l'amène à agir à l'encontre de ce qu'on lui demande explicitement et à préférer obéir à elle plutôt que d'obéir à notre injonction : « C'est pourtant simple, ce que je te demande. » Et si ce n'était pas si simple ?

HISTOIRE DE SÉBASTIEN

Sébastien, âgé de quatorze ans, ne travaille pas à l'école, disent ses parents : il a des résultats épouvantables. Mais, ce n'est pas tout à fait vrai. Il a de mauvais résultats, sans doute, mais non dans toutes les matières. En mathématiques, par exemple, il est brillant. Sébastien n'est donc ni un imbécile ni un paresseux invétéré. Que se passe-t-il ? Comment se fait-il qu'il se montre incapable dans les autres matières ?

La famille vient en consultation chez un thérapeute de familles. Au fil de la conversation, celui-ci, de temps en temps, redit à sa façon ce qu'il vient d'entendre. Comme les mots employés ne sont pas tout à fait les mêmes, comme l'accent est posé sur des points différents, les parents et les enfants voient de façon différente ce qu'ils viennent de raconter.

Qu'ont-ils raconté, entre autres choses ? Ceci : la mère de Sébastien, Yvette, qui avait arrêté ses études après un baccalauréat brillamment obtenu, les a reprises dix ans plus tard avec assiduité quand les enfants furent assez grands. C'est donc que, pour elle, les études sont quelque chose d'important et même quelque chose d'indispensable, puisque c'est par là qu'elle a pu accéder à la profession qu'elle exerce actuellement.

Alain, le père, a redoublé chaque classe du collège ou peu s'en faut. Cela ne l'a pas empêché de réussir dans la vie. Donc, pour lui, qui s'est fait tout seul sans que les études lui aient servi à réussir, ce qui compte est d'arriver à la force du poignet et pas du tout en apprenant dans les livres ou auprès de professeurs. À tel point que non seulement il ne voit pas quel intérêt cela peut présenter mais encore qu'il n'imagine même pas qu'il soit possible d'arriver à quoi que ce soit par ce chemin-là. Bien plus : s'il s'engage dans une telle voie, il ne peut qu'échouer. Voilà qui paraît incroyable. Pourtant, un moment de la vie de la famille le montre bien. Un jour, Alain dit devant sa femme le regret qu'il éprouve de ne pas avoir appris à jouer du piano. Pour lui faire plaisir, Yvette lui prépare une surprise : elle loue un piano pour deux ans, elle achète une méthode et elle trouve un professeur. Et Alain va le voir, ce professeur, avec plein de bonne volonté, régulièrement. Tout va bien, se dit Yvette. Or, pas du tout. Ce fut la catastrophe : Alain ne parvint jamais à jouer du piano. Non pas qu'il y ait mis de la mauvaise volonté, ni qu'il fût idiot, ni qu'il n'eût aucune oreille, ou aucune souplesse manuelle, mais parce que, apprendre avec un professeur, c'est pour lui impossible. Il n'y arrive pas. Le drame est qu'Yvette, ne comprenant rien à ce qui se passait, puisque c'était tellement différent de ce qu'elle avait elle-même vécu, en tira deux conclusions : son mari est un incapable ; en plus, c'est à ses yeux un simulateur, puisqu'il a fait semblant de faire ce qu'elle voulait pour lui, tout en ne le faisant pas, puisqu'il n'y est pas parvenu.

Le lecteur se rend compte que les façons non seulement de penser, mais d'être, de sentir, de réagir, d'interpréter, etc., d'Alain et d'Yvette à propos de la façon dont on doit apprendre ce qui est nécessaire pour réussir sont aux antipodes l'une de l'autre. Pour Alain, le point de vue d'Yvette est tout bonnement impensable. Et réciproquement. Yvette n'imagine pas qu'on puisse émettre le regret de ne pas savoir ceci ou cela sans tout mettre en œuvre pour rattraper ce retard. Elle ne comprend pas qu'on puisse ne pas vouloir comprendre, ne pas chercher à savoir, en s'en donnant les moyens comme elle l'a fait elle-même, et pas n'importe lesquels : ceux dont elle-même a toujours vérifié l'efficacité. Imaginez le malentendu entre eux deux. Malentendu d'autant plus fort que chacun des partenaires se dit que l'autre doit penser comme lui, puisqu'il ne peut imaginer que l'on pense autrement.

Maintenant, mettez-vous à la place de Sébastien. Que faites-vous ? Comme maman ou comme papa ? Étant donné que vous aimez et l'une et l'autre, vous vous arrangez pour faire plaisir et à l'une et à l'autre, en montrant que vous êtes bien son fils, que vous lui ressemblez bien : vous ressemblez à votre mère quand vous êtes brillant en mathématiques, et vous ressemblez à votre père quand vous êtes nul dans les autres matières.

En plus, il court un danger, Sébastien. Celui d'être utilisé par sa mère contre son père : « *Ton* fils a encore rapporté des notes catastrophiques ce mois-ci. » Ou par son père contre sa mère : « Tu diras à *ton* fils qu'à son âge il devrait se débrouiller tout seul. » Avez-vous remarqué que, souvent, quand il ne fait pas ce que nous souhaiterions qu'il fasse, notre enfant devient « ton fils » ou « ta fille » quand nous parlons de lui avec notre conjoint(e) ? Et l'enfant, lui, il l'entend, tout ça.

LES LOYAUTÉS INVISIBLES

Que nous apprend cette histoire ? Plusieurs choses. La première saute aux yeux : ce garçon danse sur la musique que lui envoie son père quand il s'applique à négliger ses études malgré ce qu'il lui en coûte d'être si infidèle à l'exemple de sa mère et de subir les remontrances de celle-ci et même de son père ; et il danse sur la musique que lui envoie sa mère, quand au contraire il s'applique à bien travailler, malgré ce qu'il lui en coûte de se montrer si infidèle à l'exemple de son père.

On dit qu'il n'en fait qu'à sa tête quand il ne travaille pas. Mais c'est faux. Il n'en fait *jamais* à sa tête : ni quand il travaille, ni quand il ne travaille pas. Dans l'un et dans l'autre cas, il n'en fait qu'à leurs têtes, au pluriel ; c'est précisément son problème. Non pas qu'il faudrait qu'il n'y ait qu'une seule tête, mais qu'elles s'entendent sur ce qu'il convient de demander ensemble à leur fils.

En revanche, il est vrai de dire qu'« il ne fait que ce qui lui chante » : ce que lui chante d'un côté la musique de son père et ce que lui chante, de l'autre côté, la musique de sa mère. On pourrait dire qu'il vit en stéréophonie. Mais, comme il n'arrive pas à accorder ces musiques trop dissonantes pour se conjuguer en un ensemble harmonieux, eh bien il les suit alternativement : une fois l'une, une fois l'autre.

Cette façon étrange d'obéir à ce qu'apparemment personne ne lui demande en n'obéissant pas à ce qui lui est explicitement, officiellement, demandé par tout le monde, cela s'appelle la fidélité aux loyautés *invisibles*. En effet, si cela vous a paru « sauter aux yeux », alors que ni les parents du garçon ni le garçon lui-même ne voyaient rien de ce qui se passait, eux dont on pourrait penser qu'ils étaient aux premières loges, c'est que le thérapeute les a aidés à démêler les mailles du filet dans lequel ils étaient prisonniers et dans lequel, plus ils se débattaient, plus ils se ligotaient.

Qu'a-t-il fait? Les aider à s'aider, pourrait-on dire. Si nous avions retranscrit l'ensemble de l'entretien, comme nous l'avons fait ailleurs[1], vous auriez vu que ce sont les partenaires eux-mêmes qui ont amené, mais en vrac, dans le désordre, les éléments qui ont permis de comprendre de quoi il s'agissait. Ils se sont, pour ainsi dire, aidés eux-mêmes, et le thérapeute n'a fait que les aider à s'aider eux-mêmes en redisant différemment ce qu'ils avaient dit, en établissant des rapports entre les éléments qu'ils fournissaient de façon décousue. Un proverbe dit: « Aide-toi, et le ciel t'aidera. » Pour un thérapeute, c'est pareil: il ne peut aider que ceux qui s'aident eux-mêmes, qui l'aident à les aider.

Comment a-t-il encore procédé? En changeant l'angle de vue ou, comme on dit, la perspective. La mère, le père et le fils lui-même étaient obnubilés par la question: comment se fait-il que, sauf en mathématiques, ce soit la catastrophe? Qu'est-ce qu'il y a en lui qui empêche Sébastien d'être bon dans toutes les matières alors qu'il n'est ni

---

1. Trappeniers E., Boyer A., *S'épanouir en couple et en famille. Histoires de vie et pistes de réflexion*, Paris, InterEditions, 2003.

un imbécile ni un paresseux invétéré? Toute leur attention était accaparée par ce qu'on appelle ce «symptôme» et par l'impatience de le voir disparaître. C'est ce que fait chacun d'entre nous, le plus souvent, quand un enfant n'obéit pas, quand il ne fait pas ce que nous attendons de lui, et que nous nous demandons: «Qu'est-ce qu'il a à ne pas m'obéir?» Comme s'il y avait en lui quelque chose qu'il faille enlever, dont il faille le «guérir». Le thérapeute, lui, ne focalise pas ainsi son attention uniquement sur le symptôme, ni sur celui qui le présente. Il se demande à quoi ça sert, tout ça, à quoi sert que Sébastien soit brillant en mathématiques et nul ailleurs.

Plus précisément, il se demande ce qui se passe entre ces trois personnes. Que vient faire là le fait que Sébastien désobéisse? À qui profite le crime, comme on dit dans les romans policiers? À Sébastien? Non, puisqu'il en est malheureux. À Yvette? Non, puisqu'elle en est malheureuse. À Alain? Non, puisqu'il en est malheureux. Cela doit pourtant bien servir à quelque chose. Ne reste qu'à se demander en quoi cela est utile pour la famille elle-même – alors que tout le monde pense que c'est néfaste. La seule piste sur laquelle le thérapeute puisse trouver des indices, la seule dont il dispose, ce sont les liens qui rassemblent les personnes qu'il a devant lui. Plutôt que de se demander pourquoi le fils fait ce qu'il fait comme il le fait, il se demande donc comment vivent ensemble ce père, cette mère et ce fils. Qu'est-ce qui permet qu'ils soient ensemble? Puisque, apparemment, le fils fait ce qui va à l'encontre de ce qui permettrait qu'ils soient bien ensemble – et, du reste, ils sont tous mal. Mais ils

restent ensemble, et se préoccupent les uns des autres.
Comment cela se fait-il?

C'est ainsi que le thérapeute les aide à découvrir ceci :
en n'apprenant pas, Sébastien fait ce qu'il peut pour être
bien avec son père, sans complètement trahir sa mère,
puisqu'il est brillant en mathématiques ; et, en étant
brillant en mathématiques, il fait ce qu'il peut pour être
bien avec sa mère, sans complètement trahir son père,
puisqu'il est nul ailleurs. Mais ce n'est pas facile, parce
qu'il y a un désaccord entre la musique maternelle et
la musique paternelle. Une fois que cela a été repéré, et
reconnu par les parents, il sera peut-être possible que le
père et la mère accordent leurs violons, comme on dit,
ce qui ne signifie pas qu'ils jouent la même ligne mélo-
dique mais qu'ils jouent la même danse tout en gardant
chacun sa voix originale.

LA SITUATION PARADOXALE

Plus encore : il sera peut-être possible que chacun s'ac-
corde avec soi-même. C'est la seconde chose que permet
de voir cette petite histoire. Elle est moins évidente que
la première, elle saute moins aux yeux.

Pourtant, après ce que vous venez de lire, vous enten-
dez bien qu'il y a quelque chose de désaccordé dans l'attitude du père. D'une part, explicitement, il revendique,
en accord avec Yvette, que son fils s'applique à ses études.
D'autre part, en évoquant sa scolarité chaotique qui ne l'a
pas empêché de réussir dans la vie, en soulignant qu'il

s'est fait lui-même sans l'aide de personne, d'aucun professeur, en répétant qu'il lui paraît normal qu'à l'âge de Sébastien un garçon se débrouille par lui-même, il envoie une foule de messages qui disent que, « après tout, les études, les professeurs, hein, ce n'est pas si important que ça, on peut très bien s'en passer », puisque lui-même s'en est fort bien tiré en s'en passant.

Qu'est-ce que reçoit le fils ? Deux messages contradictoires en un seul. Un message explicite : « Je veux que tu ramènes de bons résultats scolaires. » Un message implicite : « Si tu veux me ressembler, être bien mon fils, l'école, ce n'est pas important. » Que faire ? Il est déchiré, le fils. Que feriez-vous ? Ce n'est pas évident, de trahir son père. Si obéir à son ordre explicite doit se payer d'une telle trahison, si cela doit entraîner que se rompe le lien de la filiation qui fait qu'il se reconnaît en moi et que je me reconnais en lui, le rapport qualité-prix est vite pesé ; donc, je n'étudie pas.

Du côté de la mère, apparemment, il y a davantage de cohérence : elle demande de travailler à l'école, et elle a elle-même connu une bonne scolarité, elle a même repris ses études sur le tard. Pourtant... Pourtant elle envoie elle aussi deux messages contradictoires en un seul. Le premier, explicite, est que le père et elle sont bien d'accord dans leur volonté qu'il travaille. Le second, implicite, est : « Surtout, je t'en prie, si tu veux me ressembler, être bien mon fils, ne fais pas comme ton père. » Il est déchiré, le fils. Que feriez-vous ? Ce n'est pas évident, de trahir sa mère. Si désobéir à son ordre implicite doit se payer d'une telle trahison, si cela doit entraîner que se rompe le lien de la filiation qui fait qu'elle se reconnaît en moi et que je me reconnais en elle, le choix s'impose : j'étudie les mathématiques.

Cette situation, dans laquelle le fils se retrouve déchiré, est ce qu'on appelle une situation paradoxale. Entre toutes les injonctions contradictoires qu'il reçoit, il ne sait plus où donner de la tête. Il ne maîtrise plus rien : décidément, le malheureux ne fait rien « à sa tête », à tel point qu'il ne comprend rien à ce qui lui arrive, qu'il est incapable d'en fournir la moindre explication quand on lui en demande – et Dieu sait si on lui en demande de partout et tout le temps, avec gentillesse parfois, parfois avec énervement, voire parfois avec acrimonie.

LA SOLUTION PARADOXALE

Alors Sébastien cherche, vaille que vaille, sans s'en rendre compte, la solution dont il imagine qu'elle sera la moins pire. C'est-à-dire celle dont il imagine, sans s'en rendre compte, qu'elle entraînera le moins de dégâts possible dans les relations qui lui donnent de vivre : sa relation à sa mère, sa relation à son père, et la relation entre eux, puisqu'ils s'inquiètent ensemble de son avenir. Un symptôme, c'est ça. C'est une façon d'essayer de pallier quelque chose qui ne va pas bien dans les liens avec notre entourage, de telle façon que ces liens ne se rompent pas. Voilà à quoi ça sert. Voilà à quoi sert ce qui intrigue, inquiète, chagrine, énerve tout le monde : ça sert à rester ensemble.

Mais, si ça sert à ce que tout le monde reste ensemble, ça ne permet pas vraiment que tout le monde vive bien ensemble. Ça paraît même contradictoire et être un problème plutôt qu'une solution. Comment s'en étonner ? Étant donné que cette solution s'est bricolée en réponse à une situation paradoxale, il y a en effet toutes les chances pour qu'elle soit elle-même paradoxale. N'est-ce pas ce qui arrive à Sébastien ? Il signifie implicitement à chaque parent qu'il ne veut pas *lui* faire de la peine en le trahissant... et il *leur* fait explicitement de la peine, puisqu'il ne fait pas ce qu'ils lui disent vouloir qu'il fasse.

Ce n'était là qu'une situation parmi d'autres. Nous l'avons choisie parce qu'elle est particulièrement claire, facile à déchiffrer. Mais, dans la vie, il n'y a pas que l'école. En tout cas, on peut déjà en tirer un enseignement : quand un enfant n'obéit pas à ce qu'on lui demande explicitement, plutôt que de s'énerver, il vaut mieux se demander à quoi, ou à qui, il obéit en désobéissant ouvertement.

LA MORALE DE L'HISTOIRE

La cohérence

La première est que, obéir, je veux bien le faire, mais à qui ? à quelle injonction ? Ce n'est pas aussi simple qu'il y paraît au premier abord : à l'ordre qui m'est *explicitement* donné par mon père ? par ma mère ? par les deux ? par tel professeur ? par tel autre ? etc., à l'ordre qui m'est *implici-*

tement signifié par mon père ? par ma mère ? par les deux ? par tel professeur ? par tel autre ? etc.

La deuxième leçon est que cela demande, de la part de toute personne qui détient une autorité, la cohérence avec soi-même : entre ce qu'on dit et ce qu'on montre, de façon à ne pas envoyer en un seul souffle deux messages contradictoires : l'un explicite, l'autre implicite.

La question qui se pose là est celle de l'exemplarité : peut-on demander à quelqu'un de respecter une règle, une loi, une contrainte, si on ne la respecte pas soi-même ? À plus forte raison si l'on a soi-même édicté cette règle, cette loi, imposé cette contrainte. Spontanément, nous répondons par la négative à cette question, tellement nous sommes indignés de voir combien de gens qui devraient se montrer exemplaires se permettent de piétiner impunément ce qu'ils exigent que les autres respectent.

Pourtant, il y a beaucoup de circonstances, en particulier dans le domaine de l'éducation, où les adultes n'ont pas à respecter certaines des contraintes qu'ils imposent aux enfants. Pensons, par exemple, à l'heure du coucher : que ce soit dans une famille ou dans un établissement d'éducation, de rééducation ou de soins, les adultes l'imposent aux enfants sans eux-mêmes se coucher à cette même heure. Dans des cas comme celui-là, si l'on ne veut pas sombrer dans l'abus de pouvoir, qui est le contraire de l'autorité, il faut prendre le temps et être capable d'expliquer pour quelles raisons, compréhensibles par l'enfant, on lui demande d'obtempérer.

Troisième leçon : quand ce sont plusieurs personnes qui détiennent l'autorité – le père et la mère dans une

famille, le personnel et la hiérarchie dans un établissement –, il faut non seulement que chacune soit en accord
avec elle-même, comme on vient de le voir, mais aussi
qu'elles soient en accord entre elles, que chacune n'aille
pas dire le contraire de ce que dit l'autre, de ce que disent
les autres. Tout un programme !

Cogner ?

La quatrième leçon est que, lorsqu'un enfant désobéit,
la répression ni à plus forte raison la brutalité ne résou-
dront rien. Cela renvoie à ce qui a été dit dans le chapitre
précédent sur l'impasse à laquelle mènent le pouvoir et la
soumission.

Mais il y a pire. Si l'enfant n'est pas un imbécile – or
qui souhaiterait que son enfant soit un imbécile ? –, il
comprendra, sans que personne ait à le lui expliquer,
que celui ou celle qui use de la brutalité ne manifeste en
fait que son impuissance. Son impuissance à se faire
entendre, faute d'arguments intelligibles, donc faute
d'arguments intelligents. Il s'inclinera peut-être, mais
avec mépris – ou, pire, avec pitié.

Pourquoi obéir ?

La cinquième leçon, sur laquelle il faudra revenir, est
que cette histoire nous ramène à la question du sens de
l'obéissance : être au service des liens qui nous donnent
de vivre ensemble. C'est ce que manifeste avec éclat
Sébastien. Et il a raison. Il n'y a aucune autre raison

d'obéir. Si donc se lève quelque difficulté du côté de l'obéissance, c'est que quelque chose ne va pas du côté des liens qui nous réunissent – ou qui, peut-être, ne nous réunissent plus. C'est la raison pour laquelle, dans le domaine politique, le droit donne sa place à la désobéissance civique.

4
L'autorité

LA SOURCE DE L'AUTORITÉ

Étymologiquement, le mot «autorité» désigne ce qui fait naître, ce qui fait grandir. Il vient du verbe latin *augere*, qui a aussi donné en français le mot «auteur». Ainsi, autrefois, on parlait des «auteurs» de ses jours pour désigner ses parents. En tant que tels, les parents ont en effet autorité sur leurs enfants.

Mais, pour bien comprendre ce dont il s'agit, il faut se rappeler que l'on n'est pas parent seulement parce qu'on a engendré, sans quoi il faudrait dire que la vache et le taureau sont les parents du petit veau. Or un petit veau, ou n'importe quel «petit» naturel, n'est pas un enfant. Pour qu'un être humain devienne un enfant, il faut qu'il soit reconnu par la loi publique, que son nom soit inscrit sur le registre des citoyens de la cité, de la société, du peuple qui le reçoivent parmi eux. De même, par conséquent, pour que ceux qui l'ont engendré deviennent ses parents, son père et sa mère, il faut qu'ils soient reconnus comme tels par la loi publique, que leur paternité et leur maternité soient inscrites sur le registre de la cité, du peuple qui les reconnaissent comme le père et la mère de cet enfant. Quand il s'agit d'un enfant à proprement parler, il n'y a donc aucune différence entre le fait qu'il ait été engendré par ses parents ou qu'il ait été adopté par ses parents, puisque ce n'est pas l'engendrement qui fait un enfant, mais sa reconnaissance.

AVOIR L'AUTORITÉ

Cela a une conséquence à laquelle, souvent, on ne pense pas et que beaucoup font semblant d'ignorer. Cette conséquence est que, si les parents ont en effet autorité sur leurs enfants, cette autorité leur vient de la loi, puisque c'est elle qui les a reconnus comme parents de ces enfants. Ce qu'on appelle l'autorité parentale n'est que la délégation aux parents de l'autorité de la loi publique commune. Se rappeler cela permet de comprendre bien des choses.

Par exemple, que, si les parents, ou l'un des parents, n'usent pas de cette autorité qui leur a été déléguée pour faire grandir l'enfant ou les enfants qui leur ont été confiés, eh bien la cité, la société, peut leur retirer l'autorité parentale. Chez nous, cela se fait par une décision du juge aux affaires familiales quand il prononce ce qu'on appelle la déchéance de l'autorité parentale d'un ou des parents à l'égard d'un ou des enfants (Code civil, article 378-1).

Mais une décision pareille ne peut être prise simplement à partir d'impressions que l'on ressentirait, de soupçons qui naîtraient dans l'entourage ou dans le voisinage, de rumeurs qui courraient ici et là. Comment va-t-on décider que les parents sont dignes ou non de la mission qu'on leur a confiée ? Selon qu'ils remplissent ou non certaines obligations précises. La société, la cité, a le devoir de veiller sur les enfants qu'elle a reconnus, de les protéger, fût-ce contre les parents. Elle oblige donc ceux-ci à remplir certains offices auprès des enfants, pour que, précisément, soit exercée l'autorité parentale, c'est-à-dire pour que les enfants grandissent.

Elle y veille par le truchement de divers organismes publics, comme l'école, les consultations médicales régulières, etc., et par le truchement de ceux et de celles que l'on appelle des travailleurs sociaux. Ces organismes et ces professionnels doivent veiller à ce que les enfants reçoivent l'instruction prévue par la loi publique, et ce jusqu'à l'âge fixé par cette loi ; à ce que leur bonne santé soit assurée ; à ce qu'ils soient nourris comme il convient ; à ce qu'ils ne soient pas victimes de mauvais traitements, etc.

Ce sont là quelques exemples qui illustrent bien que les parents ne sont pas les possesseurs des enfants, comme ils peuvent l'être d'un certain nombre de choses dont ils disposent à leur gré. Et que, par conséquent, contrairement à ce que disent beaucoup, du moins en paroles, sinon en actes, aucun parent ne peut faire avec ses enfants comme il lui plaît sous prétexte qu'ils seraient « ses » enfants ou que, pour reprendre une formule à la mode, ce serait « son choix ».

Ce qui est dit là de l'autorité des parents vaut, bien sûr, de toute autorité : celle des éducateurs divers, des enseignants, des officiers de police, des magistrats, etc., n'est jamais que déléguée par la loi commune.

AVOIR DE L'AUTORITÉ

Mais avoir l'autorité ne suffit pas, bien souvent, à obtenir que les enfants obéissent. Encore faut-il, comme on dit, avoir *de* l'autorité, être capable de se faire obéir.

Au risque de choquer certains, disons simplement, d'abord, qu'il faut savoir imposer certaines règles : c'est l'heure de mettre le couvert, c'est au tour d'Untel de débarrasser la table, c'est l'heure d'aller se coucher, c'est l'heure de se lever, on se lave les mains avant de passer à table, et tout ce genre de choses. Si cela n'est pas mis en place dans la petite enfance, on ose à peine imaginer ce qui va se passer une fois venue l'adolescence.

LA SÉDUCTION

Or, imposer certaines règles, ce n'est pas si simple. Pourquoi? Parce que, bien souvent, on se dit que, si l'on impose quelque chose à quelqu'un, et encore plus s'il s'agit de quelque chose qui ne lui plaît pas, on court le risque qu'il nous aime moins, peut-être même qu'il ne nous aime plus. Peut-être celui ou celle à qui nous n'osons pas imposer ainsi certaines choses ne réagirait pas du tout en nous aimant moins, ou en ne nous aimant plus; nous n'en savons rien; mais nous imaginons qu'il ou qu'elle va réagir de cette façon. Alors, on évite de faire ce qui ne lui plaît pas. Autrement dit, on fait ce qui lui plaît; cela s'appelle la séduction. Et on inverse les rôles: c'est lui, ou elle, ou plutôt ce que nous imaginons de lui ou d'elle, qui nous impose de ne rien lui imposer. C'est le monde à l'envers. L'inconvénient est que ce n'est pas sans conséquences.

L'AUTORITARISME

D'abord parce que, même si nous n'osons pas imposer, par exemple, l'exactitude aux heures des repas, ou à l'heure du coucher, il n'en reste pas moins que nous voudrions bien arriver à ce que ces horaires soient respectés. Ainsi, petit à petit, jour après jour, lentement mais régulièrement, la moutarde nous monte au nez. Jusqu'au jour où nous n'en pouvons plus!

Alors, sonne l'heure de ce qu'on appelle l'autoritarisme : « Maintenant, tu ne discutes plus, ça suffit, c'est comme ça et pas autrement. » Et l'enfant, qui jusque-là avait fait ce qu'il voulait, ne comprend rien à ce qui se passe. Ou, plus exactement, il se demande à part lui devant son père ou sa mère quelle mouche les a piqués : « Qu'est-ce qui lui prend ce soir ? Il (elle) fait sa crise ? » Étonnez-vous, après cela, qu'il soit perplexe quand vous lui demandez quelque chose.

Et ce n'est pas tout. Parce que, une fois « piquée sa crise » d'autoritarisme, le parent s'en veut d'avoir été si brutal. Voici l'adulte qui s'excuse auprès de son mouflet d'avoir été si brusque. Et le mouflet de comprendre que son père ou sa mère est parfois atteint(e) d'un truc bizarre qui revient périodiquement. Il suffit de s'y faire et de courber l'échine le moment venu. En attendant la prochaine explosion, il recommence de faire comme il a toujours fait, c'est-à-dire ce qu'il veut quand il veut comme il veut.

L'ENFANT-ROI

C'est le monde à l'envers, ensuite, parce que, s'il n'est pas un imbécile – et qui souhaiterait que son enfant soit un imbécile ? –, l'enfant va très bien comprendre que c'est lui qui commande. Et il va le faire. Pourquoi se gênerait-il ?

Ou, plutôt : comment pourrait-il faire autrement ? Car, les adultes l'oublient souvent, un enfant est un enfant, et non un adulte en miniature. Or un enfant, par définition, n'a pas encore appris tout ce que nous avons appris, nous adultes, et qui nous paraît aller de soi. Nous disons : « Pourquoi se gênerait-il ? », mais, en disant cela, nous lui prêtons des sentiments, des attitudes, des intentions, qu'il ne connaît pas encore, nous mettons la charrue avant les bœufs. Cette gêne que nous lui reprochons de ne pas éprouver, c'est ce que ressentirait un adulte, c'est un fruit de l'éducation. L'enfant, dont l'éducation est encore à faire, ne sait pas encore de quoi il s'agit : il ne peut pas s'élever tout seul, aussi intelligent soit-il. La seule solution qu'il a, puisque, en faisant de lui celui qui commande, on ne lui laisse pas la possibilité d'être un enfant, c'est de singer les adultes. Il voit autour de lui des adultes qui commandent ? Eh bien, il commande lui aussi.

LE RESPECT

Miracle : les adultes obéissent ! C'est bien le monde à l'envers : les parents se conduisent comme des enfants et les enfants comme des parents. Et vous voudriez qu'un enfant mis dans une telle situation respecte ses parents ? qu'il respecte les adultes en général ? Ils ont intérêt à faire leurs preuves, les autres adultes ! Il aurait bien tort, en effet, de les respecter spontanément, de se montrer respectueux à leur égard, puisque sa place d'enfant n'est pas respectée par les adultes.

Voilà qui va étonner : en n'imposant pas à un enfant

ce dont ils pensent que ça ne lui plairait pas, les parents ne se montrent-ils pas respectueux à son égard ? Ils se l'imaginent peut-être, certains même le disent : « C'est son choix, je le respecte. » Non. Bien au contraire. Ce qu'ils lui montrent est qu'ils ne le respectent pas, puisqu'ils supposent qu'il ne sera pas capable de supporter ce qu'ils lui demandent. Écoutons-nous parler : « Le pauvre, il ne comprendra pas » ; « Il est trop petit encore » ; ou « Il est trop jeune » ; ou « Il n'en est pas capable », etc. Il l'entend, l'enfant, tout ça ; même, parfois, passant au-delà de l'humiliation qu'il en ressent, il apprend à s'en servir, à bien s'appliquer à ne pas comprendre, à se montrer incapable, etc. ; d'ici à ce qu'il refuse de grandir, il n'y a pas loin. Contrairement à ce que s'imaginent beaucoup d'entre nous, exiger de quelqu'un qu'il se conforme à des règles, c'est au contraire faire montre de respect à son égard, c'est lui ouvrir la possibilité de grandir.

L'ENFANT-BÉQUILLE

Et c'est lui montrer qu'on n'a pas besoin de lui. Que voulons-nous dire par là ? Il y a plusieurs possibilités. On peut en évoquer quelques-unes.

Pour certains, leur enfant est celui ou celle qui va réaliser les rêves qu'ils n'ont pas pu eux-mêmes mener à bien. Par exemple : « Je voulais être diplomate, mais la guerre m'en a empêché. J'attends de mon fils une brillante carrière. » Voilà un père qui a besoin de son fils pour réaliser son propre rêve. Tant que ce fils s'efforcera d'être le prolongement de son père, pas de problème, du moins en apparence. Mais s'il n'y parvient pas ? Mais si, un jour, il se rend compte que cela ne correspond pas à ce qu'il veut vivre ? Alors les problèmes apparaîtront.

Pour d'autres, leur enfant est ce qui va leur permettre de vérifier la justesse de leur théorie sur l'éducation. Soit que, fidèles à leurs parents qui les ont élevés à la dure, ils essaient de vérifier que, pour grandir, rien ne vaut d'en baver. Soit que, au contraire, ils veuillent éviter de reproduire ce qu'ils ont vécu comme une oppression, et qu'ils essaient de vérifier que rien ne vaut la libre expression des envies de chacun. Voilà des parents qui ont besoin de leur enfant pour se rassurer.

D'autres encore disent de leur(s) enfant(s) : « Il est tout pour moi, c'est mon rayon de soleil », « Sans les enfants ma vie n'aurait plus de sens », « Si nous restons ensemble, c'est pour les enfants ». Voilà des parents qui ont besoin de leur(s) enfant(s) pour se sentir vivre.

Chacun d'entre nous peut se reconnaître dans ces différentes évocations – il y en aurait d'autres – à des degrés divers. La question n'est pas que cela soit présent en nous : ce serait sans doute faire preuve d'irréalisme que de prétendre en être totalement exempt. La question est de savoir si nous acceptons ou non que l'arrivée de l'enfant, non pas tel qu'on l'imagine, ou tel que l'on souhaiterait qu'il soit, mais tel qu'il est, vient bousculer ce dont nous rêvons. De savoir si cette arrivée va permettre que l'enfant trouve la place où il a la possibilité d'être qui il est, c'est-à-dire imprévisible, échappant à tout ce que nous projetons sur lui. Sans quoi, il sera réduit à se conformer au rôle que lui assignent les attentes des parents.

Voilà ce que nous voulons dire quand nous parlons d'avoir besoin d'un enfant. C'est alors que commence la difficulté à imposer des règles, des limites, puisqu'on a peur de perdre ce dont on a besoin, et qu'on s'imagine que, sans cela, notre vie sera ratée. À ce moment s'enclenche le mécanisme de la séduction, qui n'est ni l'amour, ni le respect, ni l'autorité.

AIMER UN ENFANT

Aimer un enfant, c'est lui signifier qu'on l'aime non pas parce qu'on a besoin de lui, mais parce qu'on veut le voir grandir. L'amour et la séduction, ça n'a pas grand-chose à voir. Cela ne veut pas dire qu'on n'a pas à être séduisant(e), qu'on n'a pas à avoir le souci d'être plaisant(e) pour son entourage. Cela veut dire qu'on n'a pas à être séducteur, ou séductrice.

Car cela aussi, l'enfant le voit. S'il n'est pas un imbécile – et qui souhaiterait que son enfant soit un imbécile? –, il fait très bien la différence entre l'amour et la séduction. Entre ce que l'on fait avec le souci de le voir grandir et ce que l'on fait pour s'attirer ses faveurs.

Avoir de l'autorité est à l'opposé même de l'autoritarisme et de la séduction. C'est être suffisamment assis dans l'existence pour n'avoir pas besoin de se soucier de savoir si l'on est aimé ou non. Ne pas exiger quelque chose de quelqu'un par peur de perdre son amour, c'est lui signifier que l'on a bien peu confiance en son amour, qu'on estime qu'il n'est pas très fort. Encore un message paradoxal. En lui disant explicitement : « Si je n'exige pas cela de toi, c'est parce que je t'aime, parce que je te respecte », on lui dit implicitement le contraire : « Tu sais, ton amour, je compte tellement peu sur lui que j'ai peur de le perdre si j'exige cela de toi. D'ailleurs, je sais bien que tu en es incapable. »

5
À quoi est-on tenu d'obéir ?

LA LOI

UNE PROTECTION

Qu'entendons-nous par la loi ? Tout simplement, comme tout le monde, l'ensemble des lois qui permettent notre existence commune dans le pays qui est le nôtre et qui nous protègent de tout ce qui menacerait notre existence, puisque, s'il n'y avait pas de lois, on pourrait s'attendre n'importe quand à tout et à n'importe quoi de la part de n'importe qui[1]. Par exemple, imaginons qu'il n'y ait pas

---

1. Cela vaut aussi pour les lois scientifiques : en nous permettant de connaître certaines régularités statistiques de la nature, elles nous permettent de nous protéger contre certaines de ses manifestations dangereuses.

de code de la route et que chacun puisse faire n'importe quand n'importe où ce qui lui plaît, sous prétexte que c'est « son choix »… La loi, c'est avant tout ce qui nous protège des caprices des uns et des autres, y compris de nos propres caprices.

On n'y pense pas toujours. Parce qu'on voit d'abord ce qu'elle nous empêche de faire. Pourtant, c'est le seul critère qui permette de juger si une loi est bonne ou non. En effet, si nous paraissons peut-être à certains donner beaucoup d'importance à la loi, cela ne signifie pas que nous soyons pour la soumission aveugle à n'importe quelle loi sous le prétexte qu'elle a été rédigée – ce qu'on appelle le légalisme ; l'obéissance n'est pas la servitude : la loi doit être au service des hommes et non les hommes au service de la loi. Toute loi n'est pas bonne sous le prétexte qu'elle est une loi. Sans quoi, il faudrait dire que les lois de l'apartheid en Afrique du Sud, ou les « lois de la race » promulguées dans l'Allemagne nazie, ou la « loi juive » promulguée en France par le régime du maréchal Pétain, etc., étaient de bonnes lois. Non. C'étaient des lois criminelles. Il y a des lois criminelles.

Une loi criminelle est celle qui ne protège pas tous les citoyens sans exception du pays dans lequel elle est promulguée ou qui, pire encore, est pour certains d'entre eux une menace, un moyen d'exclusion. C'est une loi qui n'est pas promulguée pour tous, mais pour quelques-uns – pour les intérêts particuliers de quelques-uns – contre les autres, contre le bien commun. Contre une telle loi, le devoir de tout citoyen est de s'élever, d'appeler à ce qu'elle soit revue, au besoin en désobéissant ouvertement.

COMPRÉHENSIBLE

Que la loi soit faite pour tous, qu'elle soit par définition publique, on le voit bien à l'adage qui dit que « nul n'est censé ignorer la loi ». Si nul n'est censé l'ignorer, c'est donc qu'elle doit être dite explicitement en des termes explicites et clairs. À la limite, on pourrait dire qu'une loi exprimée en termes qui ne sont pas clairs pour tous, ou qui du moins n'est pas accompagnée d'explications compréhensibles pour tous, est une loi criminelle, puisqu'elle exclut un certain nombre de sa compréhension – c'est la raison pour laquelle l'instruction a été rendue obligatoire : pour que tous comprennent la loi. De façon à pouvoir se situer par rapport à elle. Ceux qui les promulguent ne se le rappellent malheureusement pas toujours.

Du moins doit-on en retenir qu'une loi ne peut jamais être implicite, ce serait une contradiction dans les termes. C'est la raison pour laquelle une loi n'est jamais rétroactive : comment pourrait-on reprocher à quelqu'un d'avoir agi contre ce qui n'avait pas encore été promulgué ?

LES RÈGLES EXPLICITES

UNE AFFAIRE PRIVÉE

Si la loi est, par définition, publique, les règles, elles, qui régissent la vie commune des membres d'une famille, d'un établissement, d'une association, d'un club, etc., relèvent du domaine privé[1]. Sur ce point, nos façons courantes de parler n'aident pas à y voir clair : quand on parle, par exemple, de « loi du milieu » s'agissant des gangsters, de « loi de la jungle », de « loi du plus fort », etc., on est très loin de ce qui assure la protection de tous sans exception ; ces prétendues « lois » ne protègent, au mieux, que les gens du milieu, les plus rusés, les plus forts, etc. Les autres, elles les excluent ou, pire, elles les écrasent : ce seraient donc, s'il s'agissait de lois, des lois criminelles.

En un certain sens, toute règle, puisqu'il s'agit du domaine privé, produit de l'exclusion : l'exclusion de tous ceux qui ne font pas partie de cette famille, de cet établissement, de cette association, de ce club, etc. Elle ne protège qu'à l'intérieur du domaine où elle s'exerce : dans la famille, dans l'établissement, etc. En tant que telle, elle est bonne, et non criminelle, quand elle protège sans

---

1. Nous ne parlons pas ici des règles administratives. Bien que n'étant pas du même registre que la loi, elles relèvent du domaine public ; cela ne va pas sans difficultés quand l'administratif prétend se substituer au juridique, c'est-à-dire ne respecte plus ce que les juristes appellent « le contradictoire » : la nécessité du débat.

exception tous les membres de cette famille, de cet établissement, etc., et qu'elle permet leur vie ou leur activité commune.

Mais cela ne signifie pas que, sous prétexte de protéger celles et ceux qui sont de son ressort, on puisse tolérer qu'elle soit une menace pour les autres. C'est-à-dire qu'elle puisse contrevenir à la loi commune publique. Par exemple, il arrive fréquemment que, dans certains collèges, pour protéger les autres élèves et/ou le personnel qui y travaille, les enfants trop perturbateurs soient exclus – et, à part eux et leurs parents bien sûr, tout le monde trouve cela très bien, voire même le réclame : les enseignants, le personnel, les autres parents ; au point que cela puisse apparaître comme une règle instituée. Mais ces élèves n'ont pas encore atteint l'âge prévu par la loi commune publique pour la fin de leur instruction. Les exclure est dont aller contre la loi commune publique. C'est un crime. Jamais une règle, qu'elle soit familiale ou celle d'un établissement, d'une association, d'un club, etc., ne peut aller à l'encontre de la loi commune publique.

LE RÈGLEMENT

Quand tout se passe correctement, les règles sont explicites : elles sont connues de tout le monde, elles ont fait l'objet d'un débat entre les membres de la famille, de l'établissement, etc., et avec les nouveaux venus quand il s'en présente. En général, ailleurs que dans les familles, elles sont rassemblées dans ce qu'on appelle un règlement et celui-ci est consigné dans un document écrit auquel tout le monde a accès et que tout le monde est appelé à ratifier. Aux nouveaux venus qui font eux-mêmes la démarche de candidature, on demande d'en prendre connaissance et s'ils acceptent de le respecter; c'est en général la condition mise à leur entrée dans l'établissement, l'association, le club, etc.

Un cas particulier est celui des nouveaux venus qui n'ont pas fait eux-mêmes acte de candidature : les enfants placés par décision judiciaire dans une famille ou dans un établissement, les nouveau-nés dans une famille, les enfants inscrits par leurs parents dans un établissement scolaire, dans une association ou dans un club. Ceux-là se voient imposer un règlement qu'ils n'ont pas ratifié eux-mêmes et dont on ne leur a pas demandé s'ils étaient d'accord ou non avec ce qu'il stipulait.

LE TEMPS

Pourtant, ce n'est pas un cas aussi particulier qu'il y paraît. Parce qu'il y a un facteur que les autorités chargées de faire appliquer le règlement oublient souvent et que personne ne maîtrise : le temps. Or le temps a en général cette particularité de modifier les choses. Le règlement, quand il a été rédigé, l'a été à un moment déterminé, dans une situation déterminée, et il répondait aux nécessités de la situation telle qu'elle était à ce moment-là. Quand il a dit au moment de sa candidature être d'accord avec le règlement qu'on lui a présenté, le nouveau venu l'a fait à un moment déterminé de son existence et de l'existence de l'association, du club, etc.

Or, depuis le moment de la rédaction initiale, depuis le moment de l'entrée du candidat, les choses ont changé. D'abord parce que, désormais, il y a un texte écrit, ce qui n'était pas le cas auparavant – et le temps que l'on met parfois à passer à cette rédaction montre assez que ce n'est pas là un acte anodin. Ensuite parce que, désormais, il y a un, voire plusieurs, membre(s) de plus, qui ne sont certainement pas la pure et simple reproduction – les clones, comme on dit aujourd'hui – de ceux qui ont participé à la rédaction, etc. Enfin parce que ceux qui ont alors participé à la rédaction ont eux-mêmes changé : ils ont vieilli, ils ont connu des expériences nouvelles, etc.

Donc, même si le règlement tel qu'il a été rédigé à l'origine est leur œuvre, même s'ils ont dit qu'ils l'approuvaient, les premiers membres et les candidats volontaires se retrouvent un jour dans la même situation que les nouveaux venus qui n'avaient rien demandé : devant un règlement qui, peut-être, ne leur convient pas, ou qui ne leur convient plus.

LE SENS DES RÈGLES EXPLICITES

Faut-il alors que je lui obéisse, si je suis nouveau venu, ou que je continue de lui obéir si je suis membre de la famille, de l'établissement, de l'association, etc., depuis déjà longtemps ? La question ne se pose jamais de façon aussi simple, même si, la plupart du temps, nous oublions les paramètres dont il convient de tenir compte. Dont celui, d'ordre plutôt psychologique, qui veut que la réaction des autres, quand je leur dirai mon malaise, dépendra aussi de la façon dont je présenterai mon appel à ce que quelque chose change ; je peux en effet le faire sur bien des tons.

Ce qui dépend de moi

Un autre de ces paramètres tient aussi à moi. D'une façon particulière, selon la situation particulière qui est la mienne.

Il peut dépendre de moi seul de rester ou non au sein du groupe que nous formons. Dans ce cas-là, ou je m'en vais, ou je décide de rester, quoi qu'il m'en coûte sur le moment, tout en souhaitant que les choses évoluent et en agissant de telle façon que cette évolution soit possible. Ainsi, dans un couple, nous avons, par exemple, convenu explicitement de choisir les mêmes jours de congé, de façon à disposer d'un temps de loisir partagé. Mais cela ne convient plus à mon partenaire étant donné, c'est l'argument avancé, les exigences nouvelles de son travail. C'est acceptable une première fois. Mais cela se répète. Que faire ? Tout dépend de la façon dont j'interprète ce qui m'apparaît comme des manquements de l'autre à ce qui avait été explicitement convenu, et aussi de ce que je veux maintenant : vivre moi aussi ma vie de mon côté et ne plus me soucier des congés en commun ; ou ne pas renoncer à ces moments partagés et, au-delà du ressentiment que j'éprouve peut-être, engager une conversation pour essayer de comprendre ce qui se passe et comment nous pouvons aménager une nouvelle façon de procéder.

Mais rester ou non peut aussi ne pas dépendre de moi seul mais de la décision de quelqu'un d'autre qui répond de moi devant la loi : mes parents ou un juge, par exemple, si je suis mineur, un juge si je suis majeur. Il n'en reste pas moins que continue de dépendre de moi soit de me soumettre, soit de me rebeller, soit encore d'essayer de négocier un compromis possible. Ainsi, dans une famille, il est convenu que les enfants se couchent à vingt heures trente. Mais ils grandissent. Et, au fur et à mesure, ils supportent de moins en moins bien de se plier à un horaire qui ne leur paraît plus du tout adapté à leurs occupations ni à leur âge, d'après ce qu'ils entendent dire alentour. Que faire ? Ne pouvant ni ne souhaitant s'en aller, ne restent que la passivité docile, la révolte plus ou moins bruyante, ou la recherche d'un nouvel accord.

Ce qui dépend des autres

Un troisième paramètre tient aux autres quand ils ne manifestent rien pour le moment qui donnerait à entendre que, comme moi, ils souhaiteraient un changement. Là encore deux possibilités se présentent.

Ou bien ils acceptent que soit, à ma demande, rouvert le débat sur le point qui ne me convient pas, ou plus. Dans ce cas, en attendant que le débat ait abouti à une nouvelle façon de faire, je suis tenu d'obéir au règlement encore en cours. Ainsi, par exemple, certains élèves souhaitent un réaménagement de leur horaire ; on reçoit leur demande et leur explique que cela n'est pas impossible mais qu'on ne peut pas le faire du jour au lendemain ; en attendant un nouvel aménagement, ils sont tenus de continuer à obéir au règlement en cours. Puisque aucune mauvaise volonté ne se manifeste à leur égard, qu'ils ne sont en rien menacés ou exclus, mais au contraire écoutés et objet de l'attention commune, ils n'ont aucun droit de manifester la moindre mauvaise volonté à l'égard des autres.

Ou bien les autres refusent catégoriquement que le débat soit rouvert sur le point qui ne me convient pas ou plus, ce qui est une façon de me sommer de soit me retirer, soit me soumettre sans discussion. Dans ce cas, je me retire si cela m'est possible. Si cela ne m'est pas possible, je ne suis plus tenu d'obéir – sinon par les effets d'une coercition brutale, mais il ne s'agira plus alors d'obéissance à une autorité mais de soumission servile à un pouvoir. En effet, aucune bonne volonté ne se manifestant à mon égard, mais bien une attitude d'exclusion et de menace, je n'ai plus aucun devoir à l'égard de ceux qui se comportent ainsi.

Cela peut paraître excessif, voire scandaleux. Comme quand, par exemple, les parents refusent d'entendre ce que les enfants veulent leur faire comprendre : qu'ils ont grandi et qu'il n'est plus d'actualité, à leur âge, de se coucher à vingt heures trente. Ne seraient-ils donc plus tenus d'obéir ? Eh bien non. Et s'ils se soumettent cependant, en désespoir de cause, ce sera que, se montrant plus mûrs

que leurs parents, ils ont le souci, au-delà de leur ressentiment particulier, d'éviter l'éclatement de la famille, ce
qui serait encore pire pour tout le monde.

Ce dont il s'agit est le sens même de tout règlement,
comme de toute loi : assurer le bien de tous sans exception – autant que possible, en l'occurrence, puisque ces
enfants pâtissent de l'entêtement des adultes. C'est un
rappel de ce que, ne rêvons pas, assurer le bien de tous,
c'est souvent éviter le plus possible de nuire à quelques-
uns ; mais user de cet argument pour refuser tout changement quand on est censé détenir l'autorité, c'est un
abus de pouvoir.

Que ce soit là le sens de tout règlement permet de
comprendre que puisse ainsi s'appeler, un « règlement »,
le fait de s'acquitter d'une dette que l'on a contractée,
comme on le voit écrit au bas de certaines factures : « en
votre aimable règlement ». Obéir au règlement, c'est en
fait m'acquitter de la dette que j'ai contractée auprès de
ceux qui m'ont accueilli dans leur groupe et qui, au sein
de ce groupe, m'assurent que je n'y cours aucun danger,
tout comme, en obéissant au règlement, ils s'acquittent
eux-mêmes de la dette qu'ils contractent à mon égard
pour l'assurance que je leur retourne. Ce n'est jamais le
règlement en lui-même qui est respectable, mais ce au
service de quoi il est : le bien commun de tous ceux qui
sont inscrits sous son ressort.

UN REPÈRE

L'avantage que présente un règlement rédigé, l'avantage que présentent des règles explicites, même si elles ne sont pas écrites, comme c'est par exemple le cas dans une famille, est qu'il est possible de se situer par rapport à elles. C'est là aussi leur sens.

D'abord parce qu'on sait clairement ce qu'il convient de faire et ce qu'il convient de ne pas faire. Ensuite parce qu'on a devant soi quelque chose de clair à quoi on peut s'opposer, par rapport à quoi on peut dire qu'on n'est pas, ou qu'on n'est plus, d'accord. Ces règles font office, comme on dit, de repère.

Encore faut-il s'entendre sur ce mot. On oublie parfois qu'il est utilisé en géographie. En particulier par les marins, qui parlent alors de « relever des amers ». Quand, par exemple, ils naviguent à proximité d'une côte et qu'ils cherchent à savoir où ils sont exactement. Alors, ils prennent des repères sur la côte qu'ils aperçoivent : un sommet nettement détaché, un clocher, une cheminée d'usine. Ils en prennent toujours deux. Pourquoi ? Parce que c'est l'angle entre la direction où se trouve l'un et la direction où se trouve l'autre, le point où ces deux lignes imaginaires se recoupent, qui dira la position du bateau. Ce qui dit la position est toujours la façon dont chacun des repères est situé par rapport à l'autre.

Il n'en va pas autrement quand il s'agit de la loi, ou du règlement, si l'on veut qu'il fasse fonction de repère, qu'il permette à chacun de savoir comment et où il se situe dans la vie commune. Quel sera alors le second repère qui me permettra de savoir quelle est ma position en voyant comment le règlement et lui sont situés l'un par rapport à l'autre ? Ce sera la personne ou les personnes qui détiennent l'autorité. Et c'est même à cela que je reconnaîtrai qu'il s'agit d'une autorité, et non d'un pouvoir.

Il y a en effet plusieurs façons de présenter un règlement quand, par son statut, on est chargé de le faire observer et qui sont, on n'y pense pas mais ce n'en est pas moins perçu pour autant, autant de façons de *se* présenter. Disons, pour faire simple, qu'il y en a trois.

L'identification

La première façon, catastrophique, est de ne mettre aucune distance entre soi et le règlement qu'on doit faire observer. On appelle cela s'identifier au règlement. Pourquoi ? Parce qu'on va réagir, dès que quiconque refusera d'obtempérer, comme si c'était nous-même qui étions rejeté, comme si toute infraction au règlement était un affront à notre égard, comme si celui ou celle qui rechigne le faisait pour nous faire de la peine. Et quand au contraire quelqu'un se montrera obéissant, nous verrons là un signe de reconnaissance de nous-même, de respect à notre propre égard, voire d'amour.

Cela n'est pas rare. Du moins, cela se donne souvent à entendre dans bien des façons habituelles de parler : « Tu n'as pas mis le couvert alors que c'était ton tour. Comment oses-tu me faire ça à moi ? » ; « Sois gentil, va te coucher, c'est l'heure » ; « S'il te plaît, c'est ton tour, débarrasse la table, fais-moi plaisir » ; « Vous savez ce qu'il m'a fait ? Trois retards cette semaine. Il se paie ma tête » ; etc.

En général, quand on agit comme cela, c'est qu'on n'a aucune confiance en soi, qu'on a perpétuellement peur de n'être pas respecté – « Tu ne te paieras pas ma tête impunément » –, d'être rejeté ; et/ou que l'on a perpétuellement besoin de voir signifier que l'on nous aime. Mais comment celui ou celle à qui l'on demande d'obéir pourrait-il, dans ces conditions, avoir la moindre confiance en ce qu'on lui dit quand on lui déclare : « C'est pour ton bien » ?

Une autre conséquence en est qu'on ne lui offre plus qu'une alternative : soit se soumettre – par peur, ou par peur de nous faire de la peine, ou pour nous faire plaisir –, soit se révolter. En tout cas, on ne lui permet en aucune façon de se situer par rapport au règlement, puisqu'on est incapable de se situer soi-même par rapport à ce même règlement.

La dissimulation

La deuxième façon, catastrophique elle aussi, est de refuser le règlement que l'on a pour fonction de faire observer, mais sans pour autant demander que soit ouvert le débat qui pourrait amener un changement. Cette attitude, quand elle se rencontre, est souvent celle de personnes occupant une position hiérarchique intermédiaire et qui ont peur du conflit, d'affronter les autres : l'un des deux parents si c'est l'autre qui « porte la culotte », dans une famille ; l'encadrement dans un établissement ou une association. On est alors en pleine contradiction avec soi-même. Cette situation ouvre sur plusieurs impasses qui sont autant de mensonges.

Soit on fait *comme si* on était pleinement d'accord avec ce qui est établi, sans, imagine-t-on, que transparaisse notre total désaccord ; on retombe dans la situation précédente, l'autre n'a de choix qu'entre la soumission servile ou la révolte : « Vous savez bien que votre père a horreur de ça » ; « La direction a décidé qu'on éteignait à vingt et une heures. »

Soit, tout en faisant semblant de remplir notre fonction, nous faisons *comme si* nous ne voyions rien quand l'un ou l'autre se permet une infraction. Parfois même on peut aller jusqu'à leur indiquer des trucs qui leur permettront d'échapper à la règle sans nous impliquer : « Je serai absent de telle heure à telle heure » ; « Débrouillez-vous pour qu'on n'en sache rien », etc. Or, si « pas vu, pas pris » est parfois de bonne guerre de la part des subordonnés pour tester « jusqu'où on peut aller trop loin », le prescrire – de la part de quelqu'un qui a normalement une position d'autorité – ne peut être qu'une façon de s'attirer leur complicité en un jeu séducteur. Et ils n'en sont pas dupes.

Soit enfin on se défausse lâchement sur la lettre du règlement : « C'est comme ça, je n'y suis pour rien, j'en suis tout aussi victime que toi » ; autre procédé de séduction.

La distance

La troisième façon consiste à prendre la distance nécessaire par rapport au règlement : ni s'identifier à lui, ni le refuser sans autre forme de procès. Autrement dit : se situer soi-même par rapport à ce qu'il est pour le moment : ce qui permet, en l'état actuel, que l'on vive ensemble le moins mal possible à l'endroit où l'on est, sans exclure qu'il devienne ce qui permettra que l'on vive ensemble le mieux possible. Ce qui ne pourra advenir que si tout le monde s'attelle à sa réforme quand il ne rejoint pas encore cet idéal – utopique peut-être, mais ce n'est pas une raison pour baisser les bras.

Un règlement n'est rien de plus qu'une convention momentanée conclue en fonction d'une situation momentanée, ce qui n'est pas toujours facile à faire comprendre à ceux qui ont besoin de certitudes. Mais il n'est rien de moins non plus que cette convention actuellement en vigueur, ce qui n'est pas non plus toujours facile à faire comprendre à ceux qui doivent obéir. Mais se situer ainsi, et le dire de façon que ceux qui doivent obtempérer puissent eux-mêmes se situer, est la seule chance d'arriver à ce qu'il remplisse son rôle de repère.

UN CAS PARTICULIER : LES MINEURS

Nous avons répété à plusieurs reprises qu'une loi, un règlement, des règles explicites, ne suscitent l'obéissance,

76

et non la soumission, que si elles ont été élaborées au cours de débats où chacun peut donner son avis. Reste tout de même que ce n'est pas aux enfants, et plus largement aux mineurs par l'âge ou par incapacité juridique, de déterminer ce qu'il convient ou non de faire.

Cela n'a rien à voir avec la pertinence ou l'impertinence des propositions ou des réclamations qui sont les leurs – qui dirait que son enfant est un imbécile ? qui souhaiterait qu'on lui dise une telle chose ? Cela tient à ce qu'on n'a pas le droit de leur faire porter une responsabilité qui ne respecte pas leur statut.

Si donc il est important qu'ils participent au débat, ce ne pourra être qu'à titre consultatif et non à titre délibératif. N'en déplaise à ceux qui bavardent inconsidérément en parlant d'une prétendue « liberté de l'enfant » ou de son « libre choix » et qui s'indignent vertueusement de ce que parfois on décide pour lui sans lui demander son avis, on n'a pas le droit de demander à un enfant son consentement. Tenir de tels propos est ne tenir aucun compte de ce qu'est sa situation. Qu'il s'agisse de choses apparemment bénignes, comme comment occuper ses vacances, ou de choses apparemment plus graves, comme des relations sexuelles, on n'a sur aucun point à demander à un enfant son consentement. À moins d'ouvrir un boulevard à quiconque aura abusé de lui et qui pourra alors arguer de ce que l'enfant était prétendument « consentant ».

Pourquoi ? Parce que, n'ayant que lui à donner, l'enfant est dans l'incapacité totale de donner son consentement à ceci ou à cela. Il ne peut que soit *se donner* totalement, soit *se refuser* totalement. Dans le premier cas, il est voué

77

à l'aliénation dans la soumission au caprice de l'adulte. Dans le second cas, il est voué à l'aliénation dans la culpabilité de (comme on ne manquera pas de le lui dire) « faire de la peine ».

La seconde remarque est qu'il est encore plus vrai, si l'on peut dire, qu'on n'a pas le droit de lui demander son consentement quand la question se pose de savoir, entre deux personnes auxquelles il est lié et redevable et qui se séparent, avec laquelle il va aller et avec laquelle il ne va pas aller. Lui demander de choisir, c'est littéralement l'appeler à se déchirer. Lui demander de donner son consentement à la décision qui a été prise de l'envoyer chez l'une ou chez l'autre, c'est nécessairement le vouer à la culpabilité à l'égard de celle qui n'a pas été choisie.

Cela ne veut pas dire que l'on n'ait pas à le consulter, à lui demander son opinion, à condition de surtout ne pas lui demander « qui il préférerait ». Cela veut dire qu'il est capital de bien lui préciser que la décision ne dépendra pas de ce qu'il dit.

6
À quoi se soumet-on sans le savoir?

La question qui sert de titre à ce chapitre ouvre bien évidemment à tout un champ de réponses multiples, puisqu'il faudrait ici envisager toutes les institutions auxquelles nous sommes soumis, sans que nous en soyons toujours conscients — et serait-il même possible de l'être constamment? —, par le seul fait que nous vivons dans une société déterminée: les façons de parler, l'organisation économique, l'organisation familiale, l'organisation politique, l'organisation professionnelle, ce qu'on appelle la «culture», etc. Précisons tout de suite que nous limiterons notre propos à ce qu'on appelle les règles implicites, qui s'établissent en particulier dans la famille et dans certains groupes de gens habitués à se fréquenter. Pourquoi disons-nous que ce sont des règles? Parce que nous passerons pour coupable ou pour rebelle si nous ne nous soumettons pas à elles, serait-ce simplement par distraction; et nous-même, nous considérerons comme coupable ou comme rebelle celui ou celle qui ne se soumet pas à elles – «Mais où donc avez-vous la tête?»; plus encore, nous nous considérerons nous-même comme coupable si nous nous surprenons à avoir agi contre l'une d'elles – «Excusez-moi, je ne sais pas où j'avais la tête.»

Notons au passage, cependant, que toute institution sociale peut déchoir jusqu'à n'être plus qu'un ensemble de règles implicites. C'est ce qui arrive quand, au lieu d'être au service de tous en organisant les échanges – des paroles dans la conversation, des alliances dans les relations et des biens dans l'échange et le partage –, l'institution est accaparée par une part de la société pour culpabiliser, punir ou exclure certains autres membres de cette société qui seraient, comme on dit, «mal élevés» sous prétexte que, par exemple, leur langage n'est pas aussi châtié ou leur façon de se présenter aussi convenable que ne l'estime la classe dominante.

L'IMPLICITE

Par «implicite», il faut entendre deux choses: d'une part ce qui, tout simplement, n'est jamais dit; ce dont on dit que «cela va sans dire». Or, pour «dire», il n'y a pas que les mots. Il y a aussi tout ce qui relève de la posture, de l'attitude, des mimiques, des bruits de bouche, des odeurs, de la contagion affective – «Je le sens tendu, aujourd'hui » ; « Je la sens sereine » ; « L'ambiance est électrique » ; « Le climat familial est lourd » ; « Il n'a pas l'air en forme » ; « Elle n'a pas l'air dans son assiette », etc. Autant de façons d'exprimer, d'un côté, et de ressentir, de l'autre, ce qui « se fait » et ce qui « ne se fait pas » sans qu'on ait à le dire – à tel point même que, dans bien des cas, on ne se permet pas de le dire... parce que « ça ne se dit pas ».

Souvent, on commente le fait que « cela aille sans dire » en ajoutant : « Ça va sans dire, peut-être, mais ça va mieux en le disant. » Certes. Pourtant, cela n'est pas encore suffisant. Si parler est une condition nécessaire, ce n'est pas une condition suffisante. Parce qu'il y a aussi tout ce qui est dit mais sans que l'on se soit assuré que tout le monde comprend bien la même chose : il est en effet souvent implicitement supposé que tout le monde comprend la même chose. Or rien n'est moins sûr. La preuve : tous les mal-entendus.

COMMENT FABRIQUE-T-ON DE L'IMPLICITE ?

Nous allons illustrer comment se tissent des règles implicites à travers quelques situations que tout le monde a un jour connues peu ou prou, même si nous grossissons un peu le trait.

LE RETARD AU RENDEZ-VOUS

Pierre a rendez-vous avec Jean à quatorze heures. Jean arrive avec une demi-heure de retard. Pierre ne s'en offusque pas : « Ce n'est pas grave, cela m'arrive aussi quelquefois. » Peut-être en effet est-ce un hasard.

Huit jours plus tard, Pierre a de nouveau rendez-vous avec Jean à quatorze heures. Jean arrive avec trois quarts d'heure de retard. Pierre ne laisse toujours transparaître aucune impatience : « Je comprends très bien que vous ayez eu un empêchement, cela peut arriver à tout le monde. » Il devient douteux qu'il ne s'agisse que d'un hasard.

Au troisième rendez-vous, Jean a une heure de retard. « Ce n'est rien, j'avais apporté de la lecture », l'excuse Pierre. C'est en train de devenir une règle.

Ce qu'il importe de voir là est comment le comportement de l'un alimente et conforte le comportement de l'autre. Jean n'avait aucune raison de s'appliquer à être à l'heure au deuxième rendez-vous, puisque Pierre ne lui a rien dit la première fois ; il en a encore moins maintenant, puisque Pierre en a pris son parti, comme le montre le fait qu'il a apporté de la lecture. Pierre ne peut plus reprocher à Jean ses retards successifs, à partir du moment où il ne lui a rien dit la deuxième fois ; il lui montre maintenant qu'il considère cela comme acceptable, puisqu'il a apporté de la lecture. Désormais il est établi entre eux que Jean est toujours en retard à ses rendez-vous, mais cela n'est jamais dit explicitement. C'est une règle, mais implicite.

Quelle que soit sa position, d'un côté ou de l'autre, chacun d'entre nous peut aisément transposer dans l'une ou l'autre de ses relations l'établissement progressif du même phénomène.

Les conditions

Comment est-il possible que cela s'instaure ? Il y faut certaines conditions.

La première condition est que Pierre ait une piètre idée de lui-même, qu'il s'estime assez peu important pour qu'on puisse le traiter de la sorte, et que, en revanche, il estime que Jean est quelqu'un d'important, de suffisamment important pour pouvoir se faire attendre. Ce à quoi Pierre se soumet à son insu individuellement n'est pas avant tout le sans-gêne de Jean, mais bien l'idée qu'il se fait de lui-même.

La deuxième condition est que Jean ait lui aussi une idée de lui-même suffisamment piètre pour se croire obligé de se rendre important en se faisant attendre, pour qu'il ait besoin de mesurer son importance au fait que Pierre l'ait attendu, et continue de le faire. Ce à quoi il se soumet à son insu individuellement est, pour lui aussi, l'idée qu'il se fait de lui-même.

On se rend compte alors que non seulement le comportement de l'un conforte le comportement de l'autre mais que l'un et l'autre s'entretiennent mutuellement dans la piètre idée qu'ils se font chacun d'eux-mêmes et dans celle qu'ils se font de l'autre. Jean ne pense-t-il pas, à part lui, que Pierre est bien moins important que lui, puisqu'il se soumet ainsi à son caprice ? Pierre ne pense-t-il pas, à part lui, que Jean manque de savoir-vivre ? Ainsi se soumettent-ils mutuellement à des règles implicites qui finissent par les ligoter à leur insu sur trois registres : celui de leur comportement mutuel, celui de l'idée que chacun se fait de soi, celui de l'idée que chacun se fait de l'autre.

LA PROGRAMMATION FAMILIALE

Comme le dit l'adage populaire, on ne mélange pas les torchons et les serviettes. Dès l'école primaire chaque fils et fille a compris, par des remarques ou des allusions saisies à la volée dans les commentaires et les attitudes de ses parents, par exemple devant la télévision ou avec des voisins à l'épicerie, qu'il ne fallait pas ramener à la maison n'importe quel copain ou n'importe quelle copine. Nul besoin pour cela que ce soit explicitement précisé : ça va de soi ; c'est une règle implicite. Certains enfants s'y plient sans même s'en rendre compte, et les parents de s'en réjouir : « Il (elle) est très bien, tout à fait comme il faut, ton ami(e). » Mais d'autres, comme par un fait exprès, ramènent exactement le copain ou la copine qu'il ne fallait pas : « Ce n'est pas vrai, tu as vu ce qu'il nous amène à la maison ! »

Que s'est-il passé ? Une chose très simple : votre enfant, sans même s'en rendre compte, provoque les règles implicites de la famille. C'est bien d'ailleurs ce que disent certains parents : « Ma parole, c'est pas vrai, on dirait qu'il le fait exprès ! » Non, il ne le fait pas exprès. Mais il le fait. Qu'en faire ?

Plus tard, il est bien possible qu'il choisisse très exactement le fiancé ou la fiancée que vous redoutez, qu'il choisisse le métier que vous redoutez, qu'il choisisse les fréquentations que vous redoutez, etc.

Les conditions

Pour qu'un enfant provoque ainsi les règles implicites de la famille, il faut que certaines conditions soient remplies. En particulier celle-ci : qu'il soit avec l'un ou l'autre de ses parents, ou avec les deux, dans ce que l'on appelle une relation fusionnelle, comme c'est le cas dans les situations de l'enfant-roi ou de l'enfant-béquille évoquées au chapitre 4. Le copain ou la copine lui sert là à se distinguer du rôle dans lequel il se sent enfermé, ce qu'il ne parvient à faire, dans la confusion qui est la sienne, qu'en s'opposant frontalement sur tel ou tel point, sans même s'en rendre compte.

S'il a appris à ne réagir qu'ainsi – ce qui n'est pas la même chose qu'agir, car agir n'est pas réagir – quand il était enfant, il y a des chances qu'il en fasse autant plus tard dès qu'il se sentira, à tort ou à raison, entraîné dans une relation du même type avec qui que ce soit.

LA DISTRIBUTION DES TÂCHES

Un ami demande au père : « Elle est en quelle classe, votre fille ? » Et le père de demander à la mère : « Elle est en quelle classe, déjà, Marie ? » Ou alors ce sera quand on demande son âge, ou des précisions sur ses études, etc.

Le même père, le matin : « Chérie, où as-tu mis les bols ? » Puis, plus tard : « Chérie, où as-tu mis le livret de famille, j'en ai besoin pour le renouvellement de ma carte d'identité ? » Quand il est prêt à s'en aller, Marie : « Papa, n'oublie pas tes clés. Elles sont sur le buffet. »

Qu'a-t-elle enregistré, Marie, sans même s'en rendre compte ? Qu'il y a une règle, sans qu'elle soit jamais dite : les choses qui intéressent la famille, tous ces détails qui font le quotidien, surtout n'en parler jamais à son père, ça l'empoisonne... Comme son frère, d'ailleurs... Comme tous les hommes, d'ailleurs.

Quel fiancé va-t-elle vous ramener, celle-là ?

Notons, en outre, que se joue là le même jeu qu'entre Pierre et Jean autour de leurs rendez-vous : chacun conforte l'autre dans l'idée qu'il ou elle se fait de soi, et de l'autre, et, plus largement, dans l'idée qu'il ou elle se fait de ce que doit être un homme et une femme.

LES PLACES À TABLE

Plusieurs personnes prennent leur(s) repas ensemble, ou se réunissent autour d'une table pour discuter – que ce soit dans une famille, dans un établissement ou dans n'importe quel groupe d'habitués. Le premier jour, chacun se met à une place autour de la table. Le lendemain ou le soir, la plupart du temps, chacun reprend la même place, spontanément, à moins qu'elle ne lui ait vraiment pas convenu, mais alors il ou elle va s'en excuser : « Ça ne

À QUOI SE SOUMET-ON SANS LE SAVOIR?

vous gêne pas, si je me mets là ? » En deux ou trois repas, en deux ou trois réunions, la chose est établie : chacun(e) a désormais « sa » place. Sans que rien en soit jamais dit. C'est comme ça. Ça va de soi. C'est une règle. Si vous en doutez, essayez donc de vous asseoir à une place qui n'est pas « la vôtre ».

Et cette règle a immédiatement des conséquences : il va de soi, par exemple, que René se lève pour aller chercher du pain, puisqu'il occupe la chaise la plus proche de la panetière ; il va de soi que Mireille décroche le téléphone, puisqu'elle occupe la chaise la plus proche du combiné. Etc. Et René se lève, et Mireille se déhanche pour décrocher : « Je vous en prie, c'est bien normal, je suis à côté, qu'est-ce que ça me coûte ? » Très vite s'opère une confusion entre une situation locale et une obligation. Si vous doutez que soit si courante cette banalisation du geste originellement attentif, essayez donc de dire : « Ce n'est pas à moi de le faire » ; les réactions peuvent être d'une violence qu'on a du mal à imaginer tant elles nous paraissent disproportionnées avec ce dont nous croyons qu'il s'agit ; c'est qu'il s'agit aussi d'autre chose.

LES NOTES SCOLAIRES

Autre cas assez répandu : votre enfant ne vous dit pas que certaines des notes qu'il a obtenues à l'école sont catastrophiques. Un jour, vous vous en rendez compte. « Je découvre que non seulement tu as des mauvaises notes, mais en plus, que tu es un menteur, que tu nous les caches. Tu as une explication à donner ? — Ben… — Tu as peur d'être puni, c'est ça ? — Ben… non, c'est pas ça. — C'est quoi, alors ? Ce n'est pas drôle, tu sais, de découvrir ça, pour moi. — Je sais. »

La voilà, l'explication : il sait que ce n'est pas drôle pour vous, que cela vous fait de la peine. Vous le lui avez tellement répété ! À moins que vous ne lui ayez tellement fait sentir combien vous étiez content(e) quand il avait de bonnes notes ! Alors, il évite de vous faire de la peine, il évite de vous décevoir. Ces notes, s'il les cache, ce n'est pas qu'il *soit* menteur, c'est simplement qu'il a parfaitement compris le message que vous lui avez envoyé sans vous rendre compte que vous le lui envoyiez : « Quand j'apprends que tu as de mauvaises notes, tu sais, ça me fait vraiment de la peine. » Et il obéit à la règle implicite qu'il en a conclue : on ne parle pas des mauvaises notes.

DE L'UTILITÉ DE L'IMPLICITE, DE LA NÉCESSITÉ DE L'EXPLICITE

Cet ensemble de règles implicites auxquelles nous obéissons tous sans nous en rendre compte est très utile dans bien des circonstances de la vie courante : elles permettent de n'avoir pas chaque fois à expliquer les uns aux autres tout ce que nous faisons, ce qui prendrait parfois un temps considérable. Il ne s'agit donc pas toujours de quelque chose de nuisible. Bien au contraire. Elles nous protègent tous de la pesante obligation d'avoir sans cesse à rendre des comptes. D'avoir sans cesse à repréciser entre nous les rôles que nous tenons les uns et les autres dans la vie commune : par exemple, il paraît difficile d'envisager que les places à table varient sans arrêt d'un repas à l'autre ; que chacun ait sa place confère en effet à tous une sécurité certaine ; on y pense moins, mais cela va beaucoup plus loin qu'une simple question de rôle que l'on accepte ou non de jouer : c'est un signe de reconnaissance ; si vous en doutez, essayez donc d'oublier un couvert.

Tant qu'elles protègent tout le monde, tant qu'elles donnent à tout le monde sa place, sans exception, dans le couple, dans la famille, dans l'établissement, etc., les règles implicites sont non seulement utiles mais aussi une condition nécessaire au bon déroulement de la vie commune. Mais elles ne sont pas une condition suffisante. Un exemple permettra de le comprendre.

IMPLICITE CONTRE IMPLICITE

Il est implicitement admis par tout le monde en France que, devant un guichet, devant un étalage ou devant la caisse du supermarché, par exemple, on « prend la queue » dans l'ordre chronologique de l'arrivée de chacun(e) et que chacun(e) attend son tour en fonction de cet ordre. Ce n'est stipulé nulle part, par aucun règlement explicite : ça va de soi. Et voici qu'une personne passe devant tout le monde.

Que fait-elle ? Elle obéit à cette autre règle implicite, qui peut se vérifier en bien des occasions et qui n'est, elle non plus, stipulée nulle part – sinon dans les *Fables* de La Fontaine –, selon laquelle le plus fort, la plus forte, l'emporte toujours.

Et les uns de protester au nom de la première règle implicite, et l'autre de se targuer de la seconde règle implicite pour resquiller. C'est l'affrontement, sans que personne puisse faire appel à quelque autorité que ce soit, puisque rien ne stipule explicitement ce qu'il convient de faire. Comment s'en sortir ? Il y faut l'intervention d'un tiers qui pose une règle explicite. Par exemple, dorénavant, un numéro inscrit sur un billet dictera l'ordre à suivre.

Cette nécessité, dans certains cas, de dire explicitement ce qui restait implicite est la première leçon de cet exemple banal.

UNE QUESTION DE PLACE

La deuxième leçon en est que, souvent, comme on l'a déjà dit à propos du couvert à table, il y va, dans le fait de respecter ou non ces usages qui vont sans dire, de la reconnaissance ou de la non-reconnaissance que chacun a sa place dans le groupe dont il s'agit. En effet, ce qui nous indigne tellement quand quelqu'un se permet une telle conduite n'est pas qu'il nous faudra attendre quelques minutes de plus : c'est que nous nous sentons bafoué dans notre dignité et que nous sentons bafoués dans leur dignité celles et ceux qui nous entourent. Le resquilleur fait littéralement comme si nous n'existions pas. Il n'y a rien de plus insupportable que de se voir ainsi enlever sa place, de voir ignorer son existence. Et ce le sera d'autant plus qu'on sera moins assuré de la sienne.

SENSIBILITÉ

La troisième leçon en est que certaines personnes, en effet, n'ont pas la même sensibilité à ce qui se fait et à ce qui ne se fait pas sans qu'il soit nécessaire de le dire, ni à ce qu'on leur demande implicitement de faire ou de ne pas faire sans avoir à le leur dire explicitement.

Dans le cas de l'outrecuidance qui consiste à vouloir passer avant tout le monde, c'est sans doute aussi d'une question de place qu'il s'agit. Il y faut, comme Jean arrivant en retard aux rendez-vous, avoir une piètre idée de sa personne pour qu'on éprouve ainsi le besoin de s'imposer brutalement. D'ailleurs, c'est ce que nous disons : « Non mais, pour qui il (elle) se prend ? » D'où viendrait-elle, cette piètre idée qui pousse à usurper la place de tout le monde, sinon de ce qu'on n'est pas du tout assuré d'en avoir reçu une, que les autres nous en reconnaisse une ? Alors, ce dont on estime, à tort ou à raison peu importe, qu'on ne l'a pas reçu des autres, qu'on ne le reçoit pas des autres, on se l'arroge en allant contre ce qui va de soi. Ce qui est émoussé là est la sensibilité à la vie commune. Comment traiter avec des gens pareils ? La réponse n'est pas simple.

Mais ce qui peut aussi être émoussé est la sensibilité aux signes que nous envoie tel ou telle autre de ce qu'il ou elle attend de nous, de ce qui lui ferait du bien ou, tout simplement, plaisir.

LA DISTORSION ENTRE RÈGLES EXPLICITES ET RÈGLES IMPLICITES

Quand il y a distorsion entre ces règles implicites auxquelles nous obéissons avec la meilleure docilité du monde et les règles explicites, comme permet de le discerner le cas de l'élève qui a de mauvaises notes, on peut être sûr que les ennuis vont commencer. En effet, il est clair, explicitement, qu'un enfant ne cache pas à ses parents les notes qu'il a obtenues à l'école – si du moins ils le lui demandent, comme c'est le cas dans bien des familles, et comme cela fait partie de leurs obligations parentales pour qu'ils le protègent contre le risque que lui ferait courir une mauvaise scolarité. On voit là le renversement : alors que les parents ont explicitement le devoir de protéger leur enfant, voici qu'ils lui envoient implicitement un message – « Ne fais pas de la peine à ton père en ramenant de mauvaises notes, tu sais qu'il est fragile, surtout en ce moment avec ce qui lui arrive au travail » – lui demandant de les protéger eux en taisant ces mauvaises notes, ce qu'il fait : comme pour Sébastien dans le chapitre 3, sa déso-béissance est sa façon d'obéir. C'est le monde à l'envers, comme précédemment. Et c'est le drame quand est découvert le pot aux roses.

En va-t-il toujours ainsi ? Oui et non.

LE RETARD AUX RENDEZ-VOUS

Dans le cas du retard aux rendez-vous, la distorsion entre la règle explicite et la règle implicite est claire. Explicitement, il est bien précisé à quelle heure les deux partenaires conviennent ensemble de se rencontrer – même si parfois on convient aussi d'une certaine marge acceptable comme, dit-on, ce serait le cas en certaines régions : le « quart d'heure toulousain », mais il y a aussi un « quart d'heure lillois », et vraisemblablement un « quart d'heure brestois », ou « niçois », etc. Quoi qu'il en soit – sans cela pourquoi se donner cette peine ? –, une heure est fixée et acceptée de part et d'autre.

Et puis, entre ce qui est dit et ce qui est fait, il y a incohérence totale. Si Pierre ne s'offusque pas des retards de Jean – c'est son choix –, après tout, cela peut durer sans poser le moindre problème ; il continuera simplement de voir confirmée la piètre idée qu'il se fait de lui-même. Si Jean y trouve son compte – c'est son choix –, après tout, cela peut durer sans poser le moindre problème ; il continuera simplement de voir confirmée la piètre idée qu'il se fait de lui-même et d'avoir besoin de se faire attendre pour s'imaginer exister. Où est le problème ? Ce sont leurs choix respectifs, dira-t-on, et, puisqu'ils s'accordent, il n'y a là rien à redire.

Demeure tout de même une difficulté, à laquelle ne songent ni l'un ni l'autre, ni vraisemblablement les témoins qu'amuse ce petit jeu : quel crédit reste-t-il à une parole qui ne veut rien dire, puisque ni d'un côté ni de l'autre on ne la respecte ni ne la fait respecter ? Voici que parler ne veut plus rien dire. « Cause toujours... » Et là, aussi bien Pierre que Jean et les témoins qu'amuse ce petit jeu risquent fort un jour de se mordre les doigts.

LA PROGRAMMATION FAMILIALE

La distorsion éclate là entre ce que les parents voulaient transmettre et le résultat obtenu, sans que personne comprenne rien à ce qui se passe, car personne ne se rend compte des messages qui émanent spontanément de leur façon quotidienne de vivre. Qu'il ne faille pas fréquenter ni ramener à la maison tel ou tel type de copain ou de copine, cela ne renvoie à aucune règle explicitement dite devant l'enfant, ni même peut-être entre les parents : ça va de soi, n'est-ce pas, il est inutile de préciser des choses aussi évidentes, de mettre les points sur les « i ». Avec un peu de chance, d'ailleurs, les mettre, ces points sur les « i », les parents en seraient peut-être bien étonnés, pour peu qu'ils prétendent être larges d'esprit ou qu'ils militent pour l'égalité républicaine des chances. Et ce satané gosse qui a pris ce qu'on disait au sérieux alors qu'on ne lui demandait rien ! L'ennui avec les enfants est que, souvent, pour eux, parler veut (encore) dire quelque chose et qu'ils ont du mal à ne pas voir une certaine incohérence dans le précepte de l'Évangile : « Faites ce qu'ils disent, ne faites pas ce qu'ils font. » Alors, les points sur les « i », c'est eux qui les mettent. Une fois de plus, c'est le monde à l'envers.

Les parents ne s'y trompent d'ailleurs pas, tout en ne se rendant toujours pas explicitement compte de ce qui se passe. La preuve ? Leur enfant, les voici qui s'appliquent à le récupérer : « Tu vois bien comment il se tient à table. Tu as entendu comment il parle à ton père ? Et quel goinfre ! » Et pour peu que l'ami(e) non accepté(e) s'éloigne de leur rejeton, les voici qui triomphent : « On te l'avait bien dit ! Ça te servira de leçon. La prochaine fois tu feras attention. »

LA DISTRIBUTION DES TÂCHES

Quoi qu'on dise, quoi qu'on en pense, et malgré certaines exceptions – parfois soulignées non sans ironie –, il reste que, dans le monde qui est le nôtre, le discours explicite dominant est que le chef de famille, c'est l'homme : officiellement, c'est l'homme qui gouverne ; d'ailleurs, c'est lui qui conduit la voiture. Tout le monde en est bien d'accord.

Le problème est que ce n'est pas ce qui se donne à voir. Car ce qu'on voit, sous le prétexte sans doute qu'il est tellement occupé à l'extérieur qu'il n'a pas le temps de s'occuper des détails domestiques, c'est que ce maître officiel est totalement dépendant des femmes de son entourage.

ET PUIS UN JOUR

Des mois ont passé. Et Mireille, toujours aussi dévouée, continue de se déhancher pour décrocher le téléphone, puisqu'elle est à côté et que ça ne lui coûte rien. Et puis un jour, au cours d'une discussion à propos des dates respectives de chacun pour les congés annuels, Mireille, d'ordinaire si serviable, se braque sans aucun motif apparent : il n'est pas question pour elle de céder un pouce de ce qu'elle demande pour faire plaisir à X ou à Y. Personne ne comprend rien à ce qui se passe. Pas même elle. D'ailleurs, le lendemain matin, toute confuse, elle dit en arrivant : « Je ne sais pas ce qui m'a pris, hier, mais j'étais furieuse. — Ce n'est pas grave, lui répond-on aussitôt, on ne va pas en faire un drame. C'est sans doute que tu es surmenée, tu en as un peu trop fait ces derniers temps. » Et c'est reparti jusqu'à la prochaine explosion : Mireille se remet à se déhancher pour attraper le téléphone.

Ou alors, quelqu'un dira : « Tout de même, ce n'est pas rien, ce qui s'est passé hier. Peut-être faudrait-il que nous en parlions ensemble. Peut-être, sans nous en rendre compte, que nous t'en demandons trop et faut-il que dorénavant nous soyons plus attentifs à ne pas te laisser tout faire sous prétexte que tu es prête à le faire. Comment pourrions-nous aménager différemment certaines tâches ? » Et peut-être alors, la situation étant dite, le problème ne sera plus que Mireille continue ou non de se déhancher : elle peut tout aussi bien continuer que ne pas continuer; l'essentiel est qu'une certaine sérénité commune règne de nouveau.

Que s'est-il passé? On peut faire l'hypothèse que Mireille se vit comme instrumentalisée par ses collègues de travail, ce que donne à voir le téléphone, sans même qu'elle s'en rende compte, ni elle ni les autres, sans même qu'il s'agisse d'abord de ce maudit téléphone : il n'est qu'un signe parmi d'autres. Et le fait qu'on envisage de – et qu'on s'attelle à – réaménager un certain nombre de choses suffit à la soulager de ce sentiment qui la rongeait : voici qu'on tient compte d'elle, Mireille... et pas seulement de la position de sa chaise par rapport au buffet.

7
Sortir de la soumission

L'apprentissage de la soumission est notre lot quotidien, et le lot quotidien des enfants, dans l'environnement social, économique et politique. Ce qui est
sanctionné, que ce soit positivement – par un diplôme
par exemple – ou négativement – par un blâme –, est le
fait que nous posions le moins de problèmes possible à
l'environnement et à l'entourage – c'est alors la carotte –,
et nous sommes punis si nous en posons – voilà le bâton.
« C'est mon choix », peut-être, comme le revendiquent
beaucoup de nos contemporains, il n'empêche : selon
l'adage qui le répète, cette prétendue liberté s'arrête ou
commence celle des autres.

Ne nous racontons pas d'histoires : ce qu'on attend de
nous n'est pas d'abord que nous ayons le souci de vivre au
mieux avec nos voisins, nos collègues, nos camarades de

classe, etc., mais bien que nous respections la consigne donnée par le professeur, par le chef de service, par le syndic de l'immeuble, etc., et jusque par les ministres divers par le biais des consignes administratives – qui ne sont pas la même chose que la loi commune. C'est aussi vrai dans bien des familles : à partir du moment où, sans même qu'ils s'en rendent compte, leurs membres, à commencer par les parents, suivent le modèle imposé par la société en général, il y va en leur sein comme dans celle-ci.

Le problème est que cet apprentissage met apparemment devant deux impasses : soit se rebeller, soit courber l'échine. Se rebeller, c'est s'exposer à la punition, voire à l'exclusion. Faudrait-il alors courber l'échine ? Sans peut-être même que l'on s'en rende compte, voire même en tenant avec toute la sincérité imaginable des discours prétendant le contraire, c'est s'exposer à accepter que le monde se divise en : les « grands » d'un côté, les « petits » de l'autre.

Cela peut se faire de deux façons différentes. Soit le fait de courber l'échine, d'accepter la consigne sans m'interroger sur son bien-fondé, sur ses tenants et aboutissants, me permet de (comme on dit) réussir ; je suis alors reçu au nombre des grands, qui me font comprendre qu'ils me comptent parmi les leurs : intronisé, je suis moi-même persuadé désormais que le monde se divise en « grands » d'un côté, dont j'ai le mérite d'être, et « petits » de l'autre, dont je mérite de n'être pas... et que ceux-ci n'ont guère, hélas pour eux, à donner leur avis, qui de toute façon n'aurait d'intérêt qu'à titre de curiosité – on dit aujourd'hui : d'information.

Ou bien le fait de courber l'échine ne me permet pas, quelle que soit ma bonne volonté, pour diverses raisons – accident scolaire inexpliqué, rencontres ratées, empêchement économique, etc. –, d'accéder au rang des grands. C'est donc que je suis un petit, que c'est là ma destinée, et je me tais : que serais-je capable de dire d'intéressant ? Cela n'est pas pour moi. Et les grands, je les admire ; parfois, aussi, je les envie.

Que voit-on là ? Que, loin de se distinguer les uns des autres, « grands » et « petits », bien qu'ils soient persuadés du contraire, partagent la même vision catastrophique de la société : non seulement ils se renforcent mutuellement dans leurs persuasions respectives, mais encore ils font tout, quels que soient les propos qu'ils tiennent explicitement, pour que se maintienne cet état des choses.

LA RENCONTRE DE LA CONSIGNE

Le moment où la question de la consigne commence à se poser de façon explicite pour un enfant et pour ses parents est celui de la rencontre avec le monde scolaire. Jusque-là, il y avait des consignes, certes, à l'intérieur de la famille et déjà dans ses relations avec l'extérieur : famille élargie (« Tu sais bien qu'avec Papy Jean il ne faut pas lui répondre, alors que Papy Jacques aime bien ça, ça l'amuse »), halte-garderie, pédiatrie, éventuellement travailleurs psycho-médico-sociaux. Mais ces consignes se limitaient à la rencontre de personne à personne ; ce n'était pas encore la confrontation entre deux mondes constitués, celui de la famille, celui de l'école, ayant chacun ses règles propres, ses références propres et son objectif prétendument commun : faire grandir les enfants, ce à quoi l'école doit coopérer en leur communiquant les savoirs nécessaires pour qu'ils prennent leur place dans la société commune. Telle est sa mission.

Si donc la consigne familiale a pour premier objectif de faire grandir, la consigne scolaire a pour premier objectif de faire apprendre – y compris à vivre avec des étrangers – et elle n'a de légitimité que celle-là. C'est là une première distinction entre les deux mondes, et, comme toute distinction, elle peut être la source d'incompréhensions. De part et d'autre. Parce que chacun risque de se retrancher derrière sa compétence, de parent ou d'enseignant, pour critiquer les façons de faire de l'autre : « Mon fils a beaucoup trop de leçons à apprendre et d'exercices à faire à la maison. Cette institutrice ne se rend pas compte. Ils sont encore petits, ces enfants. Et moi, je n'ai pas le temps d'être toujours derrière lui. » Ce à quoi l'institutrice incriminée répond : « J'ai un programme à suivre.¹ À la fin de l'année, ils doivent savoir ça, ça et ça. Je sais ce que j'ai à faire. » À moins qu'elle ne prenne les devants : « Votre fils, quand il arrive, il lui manque toujours quelque chose », et la mère de se justifier : « On a décidé, d'un commun accord avec lui, qu'il se prendrait désormais en charge. Le problème est qu'il ne sait jamais exactement ce qu'il lui faut emporter chaque matin. Donnez-lui des consignes claires. »

Parce que, comme il en va pour toute distinction, on a souvent du mal à respecter la séparation entre école et famille, à ne pas nous mêler de ce qui ne nous regarde pas. Surtout que chaque parent, ou peu s'en faut, a son idée sur l'enseignement – « Moi, quand j'allais à l'école… » – et que beaucoup d'enseignants sont eux-mêmes parents et ont donc leurs idées sur l'éducation que doivent recevoir les enfants à la maison. Or, comme dit le proverbe, « petits enfants, petits soucis », ce qui est dire que, si les commencements s'avèrent difficiles, voire pire, il y a peu de chances, et de raisons, pour que les choses s'arrangent avec le temps.

Et l'enfant, lui, il voit tout ça passer au-dessus de sa tête. Quand il a de la chance. Parce que, quand il n'a pas cette chance, il est pris sous le feu croisé : le voici tiraillé de part et d'autre, ou encore utilisé par les uns contre les autres, porte-drapeau de la famille à l'école, ou porte-drapeau de l'école dans la famille, chacune prétendant, en toute bonne foi, le protéger des dangers que lui fait courir l'autre.

LES PARENTS AUX IDÉES LARGES

Une situation assez fréquente – mais la situation inverse n'est pas rare non plus – est celle des parents qui s'imaginent d'esprit ouvert, ou d'idées larges, et trouvent stupide d'être « à cheval sur les règlements » ; ils acceptent que leur enfant discute toujours la consigne qu'ils veulent imposer, voire de renoncer à celle-ci pour peu qu'il soit suffisamment persuasif – ce qui n'a rien à voir avec la pertinence ou la non-pertinence des raisons qu'il allègue et beaucoup avec leur peur qu'il ne les « aime » plus ou, du moins, avec leur difficulté à supporter de voir quelqu'un bridé (ils disent alors « brimé ») dans ses envies.

« Tu n'as pas rangé ta chambre ce matin. — Je me suis réveillé en retard. Alors, je n'ai pas eu le temps. — Ah bon, c'est pour ça. D'accord. Mais j'espère que ça ne va pas se reproduire. » « Le film n'est pas fini, je me laverai plus tard. » On discute un peu, et, finalement : « Si tu veux, c'est bon pour cette fois, mais tu sais bien que je n'aime pas ça. »

Et l'enfant d'apprendre qu'il peut jouer avec la consigne. Qu'il peut la contourner s'il met en œuvre les stratégies adéquates, dont il devient peu à peu un expert. En fin de compte, en effet, il s'aperçoit qu'en manœuvrant de telle ou telle façon, c'est lui qui gagne. Le(s) parent(s) accepte(nt) ce jeu, voire parfois s'en amuse(nt), admiratif(s) : « Il est malin comme un singe, le bougre. Chaque fois, je me fais avoir. » Du coup, l'enfant, s'imaginant encouragé, en remet de plus belle, tout en respectant les limites : il a ressenti, sans forcément le comprendre, que mieux valait les contourner que les heurter de front. Il devient de plus en plus « malin », et expert.

C'est bien, dira-t-on : qui souhaiterait que son enfant ne soit pas « malin », qu'il se soumette aveuglément à n'importe quelle consigne qui lui est imposée ? Sans doute. Mais c'est ne pas voir qu'il ne fait pour le moment que se soumettre aveuglément à la règle instaurée au sein de *sa* famille : comment en irait-il autrement puisqu'il n'en connaît encore aucune autre ? Ainsi se construit ce qui est pour lui *la* vérité, *la* façon de se conduire quand on lui ordonne quelque chose... Et Papy Jean, qui ne tolère pas qu'on lui réponde, il est un peu bizarre ; d'ailleurs c'est bien ce que dit Papa (ou Maman) quand les parents en parlent entre eux : « Ton père, quand même, il est drôlement rigide. »

Vient le temps de l'école et des copains. Voici que ce qui est pour moi la seule vérité, la seule façon de se conduire quand on me donne un ordre, côtoie d'autres vérités, toutes différentes, d'autres façons de se conduire quand on donne un ordre, toutes différentes. À commencer par celle de la maîtresse, qui met une mauvaise volonté évidente à se laisser convaincre par des arguments devant lesquels mes parents se seraient inclinés. Elle le fait exprès, ou quoi ? Elle est bête, ou quoi ? Elle m'en veut, ou quoi ? Tout se complique.

D'abord pour l'enfant. L'univers qu'il a construit est mis à mal. Il fallait freiner ici, accélérer là, amorcer un virage à droite à tel moment, un virage à gauche à tel autre, en fonction de la réaction ressentie de la part des adultes, et voici que ça ne fonctionne plus. C'est comme si les commandes ne répondaient plus ; alors que, plus exactement, ce qui se passe est que le contexte ne répond plus de la même façon aux signaux que je lui envoie. Or je ne sais pas, moi, comment faire autrement. Je ne sais encore que me soumettre à ce que j'ai appris.

TROIS POSSIBILITÉS

La première possibilité qui s'offre est en effet de se raccrocher à ce que l'on connaît déjà, de continuer de se soumettre à ce que l'on a appris. Du point de vue scolaire, on
va à l'affrontement si ce que l'école demande est de rem-
placer une soumission par une autre soumission.

Une autre possibilité, dans le droit fil de la première
– et qui a d'autant plus de chances de réussir qu'on répète
partout que les parents doivent être présents à l'école –,
est d'appeler à la rescousse ce qu'il faut bien appeler sa
bande : mobilisation générale de la famille contre cette
institutrice qui met tant de mauvaise volonté à « entendre
ce que notre enfant essaie de lui dire ». On essaie de lui
expliquer qu'elle ne sait pas s'y prendre avec lui, qu'elle
est trop rigide – « Tiens, comme Papy Jean » –, que
demander autant à un enfant de cet âge est insensé, etc.
Mais elle ne se laisse pas faire. Elle répond : « Je suis
navrée, mais, alors que les autres enfants ont pris le train,
le vôtre reste sur le quai » – sous-entendu : « Quand je
vois les parents, ça ne m'étonne pas. » Et chacun de cam-
per sur ses positions, et même pire : de renforcer sa propre
façon de voir en une escalade où il ne s'agit plus du tout
de « l'intérêt de l'enfant », mais d'avoir le dernier mot
contre l'autre. L'enfant, alors, n'est plus que l'instrument
brandi pour critiquer l'autre, même si l'on prétend, en
toute bonne foi, agir pour son bien.

Troisième possibilité : l'enfant, à l'école, s'adapte à ce
que demande l'école, et ses parents ont l'intelligence de

l'accepter et de l'y aider, sans renier pour autant qu'ils ne voient peut-être pas les choses tout à fait de la même façon ; l'enfant, à la maison, s'adapte à ce que demandent les parents, et ses maîtres ont l'intelligence de ne pas émettre de critique sur ce point, sans renier pour autant, s'il leur en parle, qu'ils ne voient peut-être pas les choses tout à fait de la même façon. Ainsi a-t-il une chance de comprendre que le monde est divers, qu'il n'y a pas qu'une façon de voir les choses, qu'une façon de se conduire, que chaque contexte demande des attitudes spécifiques. Alors, dans cette diversité, lui est offerte la possibilité de trouver son propre chemin. Alors, la sortie de l'univers familial devient l'occasion de l'ouverture à des rencontres, chaque fois étonnantes et un peu déstabilisatrices, comme on dit aujourd'hui, et une possibilité de songer à des choses inimaginables dans le seul creuset de la famille.

AVOIR LE DERNIER MOT

Sauf cas excessifs d'autoritarisme avéré, on ne peut savoir, tant qu'il n'y a pas eu encore de rencontre avec le monde extérieur, tant qu'il n'a pas eu à vivre dans un autre monde que celui de sa famille, s'il s'agit pour l'enfant d'obéissance ou de soumission : ses parents, il les vit comme une autorité, comme ceux qui le font grandir, et il prend comme tel tout ce qu'ils lui demandent, même si cela contrecarre ses envies ou ses caprices. Il n'a rien en effet à sa disposition qui pourrait lui faire imaginer qu'il courrait un danger : comment seulement imaginer que mes parents me mettent en danger ? Tant que l'on reste au sein de la famille, et cela n'est pas vrai seulement pour l'enfant, les façons de faire que l'on y cultive ne posent aucun problème à personne ; même celles qui, pour un œil extérieur, paraissent les plus aberrantes.

Quand il est à table avec ses parents, Xavier refuse de manger. Après de multiples tentatives pour le convaincre de manger « ce qu'il a dans son assiette », sous diverses formes – gentilles dans un premier temps, puis de plus en plus coercitives –, son père finit par le traiter comme un chien, au sens littéral de l'expression : il l'envoie à la cave, où loge le chien avec sa gamelle. Or, le chien, lui, est accueilli à la cuisine : en effet, Xavier risquerait de jouer avec lui si jamais on les laissait ensemble. Voilà qui est tout à fait normal pour tout le monde et ne pose aucun problème.

Le discernement de ce que tel ou tel comportement peut avoir de problématique n'est possible que par la rencontre et la comparaison avec d'autres comportements, que par la rencontre avec le monde extérieur. Par cette confrontation, la possibilité est ouverte de se situer par rapport aux règles familiales, par comparaison avec les règles scolaires – par exemple –, et par rapport aux règles scolaires, par comparaison avec les règles familiales. Cette rencontre est donc la condition nécessaire. Mais elle n'est pas pour autant la condition suffisante.

À l'école, Xavier se moque ouvertement de ses professeurs en émettant une espèce de rire sarcastique qui ne fait rire personne. Et il les prend sans cesse à partie. Quand le taux d'irritation a atteint un certain niveau, les parents sont convoqués. Bien sûr, ils ne comprennent rien de ce qui se passe : il ne fait rien de tel à la maison ; au contraire, à la maison, il « obéit ». Comment se fait-il qu'il n'en aille pas de même à l'école ? Ils ne savent pas s'y prendre avec lui, c'est sûr. Ce que montre bien le fait que dorénavant il en soit exclu : ils se sont débarrassés de notre fils ! Ce qui fait problème est donc bien l'école, concluent les parents. Ce qui fait problème est bien Xavier, conclut l'école.

On observe là un phénomène fréquent mais qui échappe la plupart du temps aux protagonistes : alors que, vraisemblablement, elle s'imagine s'opposer à elle, ou du moins s'en distinguer, l'institution scolaire modèle son comportement sur celui de l'institution familiale. Que se passe-t-il en famille ? Ceci : plus son père s'obstine à le contraindre à faire ce qu'il veut, plus Xavier s'obstine dans son refus de manger, l'enjeu n'étant plus du tout, ni d'une part ni de l'autre, qu'il se sustente ou non, mais d'avoir le dernier mot. Que se passe-t-il entre la famille et l'école ? Plus les enseignants s'inquiètent et s'irritent contre Xavier, plus les parents s'obstinent dans leur conviction que ses professeurs ne savent pas s'y prendre avec lui et moins ils comprennent ce qui se passe, l'enjeu n'étant plus du tout, ni d'une part ni de l'autre, qu'il suive ou non son cursus scolaire, mais d'avoir le dernier mot.

Il y a donc une seconde condition nécessaire : que *et* la famille *et* l'école jouent le jeu de la remise en question de leur façon de fonctionner, que l'une et l'autre renoncent à la prétention d'avoir le dernier mot, dès qu'il s'avère que la rencontre suscite, comme il en va avec Xavier, le surgissement de comportements atypiques. Si quelque chose légitime la présence des parents à l'école, c'est précisément cela ; et c'est la mission première d'un chef d'établissement. La difficulté réside, comme dans toutes les situations de ce genre, en ce que chacun attend que l'autre fasse le premier pas.

LA LOI PROTECTRICE

Le cas de Xavier est exemplaire. Quand règne la soumission, et non l'obéissance, il y a production de ce que l'on appelle un symptôme : on ne peut pas faire que se taise indéfiniment quelqu'un, fût-ce un enfant, qui subit quelque chose qui le fait souffrir ; si donc il ne peut le dire ouvertement, avec des mots, il le dira de façon détournée. Le comportement atypique de Xavier remplit cette fonction, sans que le garçon lui-même s'en rende compte : il sert à tirer la sonnette d'alarme.

En revanche, l'histoire d'Alexandre montre avec évidence que, si l'école se satisfait de ce qui l'arrange, elle, sans se soucier du bien de tous, y compris le(s) perturbateur(s), elle risque fort d'offrir une solution au maintien de la soumission familiale :

> Alexandre, qui vit avec sa mère depuis le départ de son père, est ce que l'on appelle un garçon brillant. Seul problème : à l'école il est le souffre-douleur de ses camarades, qui se moquent sans arrêt de lui, qui éventuellement le frappent. Finalement, sa mère, qui ne sait que faire, l'école ne proposant aucune solution, l'exclut elle-même de ce milieu si dou-

loureux. Désormais, il suit des études par correspondance, et tout se passe bien. Ce qui faisait problème était donc bien l'école, en conclut sa mère. Ce qui faisait problème était donc bien Alexandre, en conclut l'école, toute contente d'en être débarrassée à moindres frais.

Mais Xavier a plus de chance qu'Alexandre. Car, heureusement, il y a la loi commune. Or, si la mère d'Alexandre a su habilement la contourner grâce au Centre national d'enseignement à distance (Cned), l'école a dû accompagner l'exclusion de Xavier d'un signalement au procureur de la République : c'est la loi. Pour lui, le monde extérieur n'a donc pas totalement disparu, du moins pour l'instant, puisque des professionnels du soin ont reçu de l'institution judiciaire la mission d'approcher la situation pour essayer d'appréhender ce qui s'y joue.

Bien sûr, il s'agit là de situations qui, pour être réelles, restent, heureusement, exceptionnelles et quasi caricaturales. Chez la plupart des parents, même s'ils se laissent momentanément emporter, la raison finit par reprendre le dessus ; et certains chefs d'établissement sont conscients que, beaucoup plus que de gestion et d'administration, ils doivent avoir le souci des relations humaines entre les différents partenaires de l'enseignement, même si la formation qu'ils reçoivent est beaucoup moins axée sur ce point que sur les deux autres.

L'avantage que présente le fait de relater de telles situations est que, comme fait une caricature, elles grossissent le trait et permettent de décrypter comme à l'œil nu ce que sont, de façon forcément moins spectaculaire, les enjeux à l'œuvre quand se rencontrent ces deux mondes que sont la famille et l'école et que la rencontre vire de la confrontation à l'affrontement plus ou moins déclaré, ce dont témoigne le comportement des enfants.

DES EXERCICES

Comprendre cela amène à se poser certaines questions qui peuvent faire l'objet d'exercices à pratiquer, sinon régulièrement, du moins quand on se rend compte que l'on obtient le contraire de ce que l'on cherche à obtenir. En effet, si une démarche entreprise aboutit à l'inverse de ce qu'elle visait à obtenir, c'est sans doute qu'elle est inadéquate, à moins que le but poursuivi ne soit autre que le but avoué. En appeler à la déficience des moyens est la plupart du temps une mauvaise excuse – « Il n'y a que les mauvais ouvriers qui ont de mauvais outils », rappelle le proverbe ; et de même en appeler à la mauvaise volonté du ou des partenaire(s) : c'est bien, pour le coup, qu'on ne sait pas s'y prendre avec eux, comme le prouve que nous n'ayons pas su partager un projet commun. Le meilleur parti à prendre est donc de chercher soi-même à gagner en souplesse, à discerner ce à quoi nous devons renoncer, ce que nous devons accepter ou non plutôt que d'attendre ou de revendiquer que l'autre le fasse. Voici pour cela quelques pistes que chacun peut aménager en fonction de sa propre vie et des difficultés qu'il rencontre.

QUE SE PASSE-T-IL EN MOI ?

Quand quelqu'un ne fait pas ce que je lui demande, est-ce que j'éprouve le même sentiment – de colère, d'amertume, d'injustice, de manque de respect, d'impuissance, d'ingratitude, de tristesse, de rejet, d'indignation, de mépris, d'agacement, de vexation, etc. – ou des sentiments différents selon que je suis dans un contexte professionnel, dans un contexte familial, dans le cadre d'une demande de services, administratifs, commerciaux ou autres, dans un contexte amical, selon qu'il s'agit d'un enfant ou d'un homme, qu'il s'agit d'une enfant ou d'une femme ? De même, quand je n'ai pas envie de faire ce que quelqu'un me demande, est-ce que j'éprouve le même sentiment ou des sentiments différents en fonction de ces mêmes paramètres ?

Une constante

Si j'éprouve le même sentiment quel que soit le contexte, on pourrait en conclure qu'il y a en moi une constante dont l'effet se vérifie indépendamment de tout contexte, comme s'il s'agissait d'un trait de caractère quasi indélébile.

> À la maison, tous les matins, et de même à midi les jours de congé, c'est toujours Ginette qui fait le café. C'est comme ça, et, quelque amertume qu'elle ressente de devoir se lever plus tôt ou quitter momentanément la table commune, elle ne voit pas très bien ce qu'elle pourrait y changer et ni son fils

ni son mari ne semblent évoquer qu'ils pourraient parfois s'en charger. D'ailleurs, sur son lieu de travail, quand vient la pause-café, c'est toujours une des femmes de l'équipe qui fait le café; c'est bien parfois l'occasion de quelques plaisanteries aigres-douces de sa part sur le fait que ces messieurs se font servir, mais bon, c'est comme ça, et Ginette n'envisage pas qu'elle pourrait y changer quoi que ce soit. Et puis, ses autres collègues féminines semblent ne rien y trouver à redire. Ce doit donc être, en conclut-elle, qu'il y a quelque chose en elle qui ne tourne pas rond, qu'elle n'est pas une femme tout à fait normale.

Qu'il y ait en Ginette quelque chose de constant qui fait qu'elle éprouve le même sentiment d'amertume et à la maison et sur son lieu de travail n'est sans doute pas totalement faux. Si elle accepte ainsi de faire le café malgré le ressentiment qu'elle éprouve, sans le manifester, il y a de fortes chances qu'elle ait appris dans sa propre famille que c'était là une tâche féminine. Puis cette conviction a été renforcée par au moins deux faits : le fait d'abord que son mari trouve cela tout à fait normal – sa mère ne le faisait-elle pas, et non son père? –, d'où il suivra que leur fils, à son tour, trouvera cela tout à fait normal; le fait ensuite que ses collègues de travail trouvent aussi cela tout à fait normal. Ainsi s'édifie d'abord, puis se renforce au fur et à mesure des circonstances particulières qui vont dans le même sens, ce qu'on appelle une construction du monde : faire le café, cela relève des tâches féminines; et refuser de le faire ne changerait rien à cette conviction ni au jeu des relations entre les gens qu'elle instaure, et dont le café n'est qu'un moment parmi d'autres.

Pourtant, qu'il y ait en Ginette quelque chose de constant n'est pas totalement juste. Car se présentera peut-être un jour l'exception qui, comme on dit, confirme la règle, c'est-à-dire la fait apparaître comme ce qu'elle est : *une* règle et non pas *la* règle. Ginette pourra peut-être alors accepter de n'être pas toute d'un bloc, mais partagée entre au moins deux façons de se situer.

> Elle et son mari sont invités chez des amis. Et là, surprise : c'est Monsieur qui s'absente un instant de la compagnie et qui fait le café tandis que son épouse reste à bavarder avec les invités... « Tiens, se dit Ginette, ce que je vis comme une règle inamovible n'est qu'une construction que je partage avec mon mari et avec mes collègues, mais que d'autres ne vivent pas de la même façon. »

C'est à l'intersection entre ces deux constructions du monde, la sienne et celle de ses amis, que tout se joue pour Ginette. Comme c'est par la rencontre d'une ou de plusieurs cultures différentes que nous apprenons progressivement que ce que nous tenions pour absolument vrai n'est en fait que local et historique, que ce à quoi nous nous soumettions de plus ou moins bon ou mauvais gré parce que « c'est comme ça et pas autrement » n'a le même caractère impératif ni en tout temps ni en tous lieux. C'est ce que signifie l'adage selon lequel les voyages forment la jeunesse. C'est aussi ce que permettent de vérifier, à défaut des voyages, les récits de voyages et une abondante littérature historique relatant les manières de vivre des hommes et des femmes d'époques différentes, de régions différentes, de cultures différentes. C'est encore ce qu'offrent à l'imagination, dès l'enfance, bien des livres ou des films de fiction, des *Voyages de Gulliver* de Jonathan Swift au XVIIIe siècle au *Robinson Crusoé* réalisé par Thierry Chabert et interprété par Pierre Richard en 2002. L'exemple du café peut paraître anodin à côté du choc que représente parfois la rencontre avec des mondes très différents du nôtre, ce qui ne veut pas nécessairement dire très éloignés car il suffit parfois de traverser la rue, mais c'est toujours sur les détails anodins que nous achoppons : la vie n'est-elle pas faite, d'abord, et peut-être seulement, du moins pour la vie quotidienne, de détails ?

Que va faire Ginette ? Va-t-elle, rigidement fidèle à son héritage, se dire que leurs hôtes sont des gens vraiment bizarres, comme, ne nous racontons pas d'histoires, c'est bien souvent notre réaction devant des gens ayant des coutumes différentes des nôtres – pensons à la colonisation, au tourisme, et, plus quotidiennement, à nos voisins de palier ? Va-t-elle se dire que, si quelque chose ne tournait pas rond en elle, c'était, non pas l'amertume qu'elle ressentait, mais bien qu'elle était sotte jusque-là de se dévouer ainsi ? Va-t-elle s'enquérir plus avant : « Votre café est excellent... C'est vous, aussi, qui le préparez le matin pour votre femme ? », en espérant que son mari saisisse la perche ainsi tendue et qu'il comprenne lui aussi que certaines habitudes peuvent parfois être bousculées sans que pour autant la terre s'ouvre sous nos pieds ? S'il ne la saisit pas, que va-t-elle faire ? De toute façon, son regard sur lui aura changé, ce qui aura des conséquences allant bien au-delà de la préparation du café.

Ainsi, quand nous nous trouvons devant des façons de faire qui nous étonnent, voire qui nous heurtent, nous sommes devant deux possibilités. Soit nous nous disons que ce que nous constatons est intéressant, que cela donne à réfléchir. Soit nous nous disons qu'il est inconcevable de se conduire si mal, que c'est le signe d'une mauvaise éducation.

Voilà un premier discernement à opérer : devant ce qui m'interloque, vais-je dans le sens de l'interrogation ou dans le sens du jugement dépréciateur ? C'est un indice important sur ma capacité à évoluer, c'est-à-dire à me libérer, et à libérer les autres, de ce à quoi je me soumets, et je les soumets, sans m'en rendre compte.

Des sentiments différents

Si, dans des contextes différents, j'éprouve des sentiments différents, on pourrait en conclure que je n'ai aucune personnalité, que je change d'avis comme de chemise, que je suis très – trop ? – « arrangeant ». Cela serait juste si j'étais de celles ou de ceux qui ont appris à éviter tout affrontement et tout conflit ; on les reconnaît en général à cela : ils sont d'accord avec le dernier qui a parlé, et bien embarrassés quand on leur demande de choisir entre le dernier et l'avant-dernier, au point même, parfois, de produire différents symptômes – ils toussent, s'embrouillent, sont pris soudain d'une envie pressante ou de maux d'estomac, etc. – pour échapper à un choix pour eux impossible.

Si on écarte cette hypothèse, il est plutôt rassurant que

l'investissement affectif que je mets en œuvre dans ma famille, avec mes amis, ne soit pas du même ordre que celui que je mets en œuvre dans ma vie professionnelle; que celui que je vis avec ma compagne ou avec mon compagnon ne soit pas du même ordre que celui que je vis avec mes enfants; que celui que je vis avec mes enfants ne soit pas du même ordre que celui que je vis avec les enfants de mes amis, etc. Il est donc rassurant que je n'éprouve pas les mêmes sentiments selon que je suis dans l'un ou dans l'autre contexte. C'est au contraire le signe d'une capacité de discernement affectif, d'une sensibilité à la diversité singulière de chaque rencontre.

En fait, dans le monde professionnel, les difficultés ne surgissent que si, précisément, en attendant autre chose que la rémunération de mon travail, je le charge d'investissement affectif. C'est alors que je réagirai affectivement aux ordres et/ou aux résistances des autres, selon que je suis en position de pouvoir ou de soumission. Par un effet de miroir, je ne verrai dans ce qui me paraîtra alors des exigences indues ou de la mauvaise volonté que réactions excessives et déplacées, en refusant d'envisager que tel ordre ou telle suggestion puisse avoir un bien-fondé.

QU'EST-CE QUE J'ATTENDS DE L'AUTRE QUAND JE LUI DEMANDE QUELQUE CHOSE?

Une formule pourrait résumer toutes mes attentes: être compris. Reste à savoir ce que j'entends par là. Or, sous son apparence très simple, cette formule est sujette à bien des interprétations.

Cela peut signifier que j'attends de l'autre qu'il comprenne, au sens propre du mot, le bien-fondé de ce que je lui demande. Cela signifie alors qu'il a le droit et même le devoir de poser des questions, de demander des justifications, même si, en dernière instance, la décision me revient puisqu'il faut que quelqu'un réponde de la décision qui sera prise. On est là dans le cas de l'obéissance telle que nous l'entendons.

Mais cela signifie parfois que j'attends de l'autre qu'il se soumette sans rechigner. Cependant, je veux aussi être « compris » et ne pas apparaître, même à mes propres yeux, comme un tyran aveugle et sourd : je mets donc en œuvre toutes les configurations possibles de manipulation pour amener l'autre à se soumettre tout en « comprenant » que ce que j'impose est la seule voie « raisonnable ». Je peux même aller jusqu'à m'arranger pour lui faire croire que c'est lui qui décide, puisque, bien sûr, ce que je lui demande, « c'est pour son bien ».

La perversité de ce type de fonctionnement a pour effet que l'autre, en particulier s'il s'agit d'un enfant, se vit non seulement comme coupable s'il ne se soumet pas, mais encore comme incapable ou comme mauvais ; le voici très critique à son propre égard, se dépréciant lui-même, jusqu'à être incapable de la moindre initiative.

Dans les entreprises, ce phénomène s'observe fréquemment quand la hiérarchie cherche sournoisement à se défausser de ses responsabilités. Une illustration en est le fait que les directions ne parlent plus d'« employés », ni d'« ouvriers », ni de « salariés », mais seulement de « collaborateurs ». Pour peu que les malheureux « collaborateurs » veuillent croire à cette valorisation de leur statut, les voici pris à leur propre piège : ne leur a-t-on pas offert, en tant que « collaborateurs », la possibilité de participer à toutes les étapes de l'élaboration des décisions prises ? Ils n'ont à s'en prendre qu'à eux-mêmes s'ils ne se sont pas donné la peine de saisir l'information au moment où elle passait.

Tout flatteur vit aux dépens de celui qui l'écoute : méfions-nous comme de la peste des gens qui nous dévalorisent, sans doute, mais aussi, et peut-être surtout, des gens dont nous croyons qu'ils nous valorisent.

Cela peut encore signifier que j'attends de l'autre qu'il *me* comprenne. L'enjeu, là, est tout autre. Il ne s'agit plus du tout qu'il comprenne ce que je lui demande de faire ou de ne pas faire, mais qu'il me comprenne moi.

Cela peut être acceptable quand il *me* revient, parce que telle est ma responsabilité, de prendre telle ou telle décision avec laquelle l'autre n'est pas d'accord ; or la responsabilité isole : *je* suis responsable, et cela ne se partage pas ; et s'il est compréhensible que cet isolement me pèse et que je demande à être compris, il est hors de question de l'exiger.

Cela est inacceptable, en revanche, si l'autre doit entendre par là qu'il lui faudrait comprendre ce que je lui demande sans même que j'aie à le lui demander ;

si, quand il ne comprend pas, je vis cela comme « il se moque de moi » ou comme « il me rejette ».

Mais les choses ne sont pas toujours aussi limpides. Ainsi, quand j'éprouve le sentiment que l'autre « se moque de moi », il m'arrive de me demander d'où vient cette impression : de l'autre ou de moi ? Je peux en rester là et ne pas chercher à comprendre, tout en me lamentant de ce que ce soit « toujours pareil ». Je peux aussi chercher à éclaircir la situation. Le moyen le plus simple est de dire à l'autre ce que je ressens et de lui demander confirmation ou infirmation de mon hypothèse : « J'éprouve le sentiment que tu te paies ma tête, ai-je tort ou raison ? Quel sens dois-je donner à ton attitude ? »

Si l'autre me répond : « Où vas-tu chercher une idée pareille ? Tu inventes, tu cherches midi à quatorze heures », je risque fort d'être complètement décontenancé. À juste titre. Parce que le registre de la conversation n'est plus du tout le même. Je posais une question parce que je craignais de me tromper. J'étais sur le registre de l'échange d'informations. L'autre m'adresse une fin de non-recevoir, soit qu'en effet il ne comprenne rien à ce que je dis et que nos mondes soient tellement étrangers l'un à l'autre que l'échange ne soit pas possible ; soit qu'il refuse d'entendre l'appel que je lui adresse et que donc, là encore, l'échange soit impossible.

Que faire si je ne veux pas que cela se reproduise éternellement ? D'abord me demander comment il se fait que j'éprouve à ce point le besoin d'être compris. Serait-ce que je pense l'être si peu par telle ou telle personne bien précise? Sur quoi repose cette croyance, sur quels indices? Est-ce la première fois que j'éprouve cela si fortement? Sinon, dans quelles circonstances l'ai-je déjà éprouvé, en relation avec qui? Sur quels thèmes (la nourriture, la ponctualité, la tenue vestimentaire, le vocabulaire, le désordre, le travail scolaire, l'emploi du temps, les fréquentations, les loisirs, etc.)?

Ensuite, s'il s'avère qu'en effet un minimum d'échange, de compréhension mutuelle, est impossible, savoir renoncer à la réciprocité que je revendique, aussi douloureux que ce puisse être. Et savoir que les miracles arrivent aussi: il se peut alors que l'autre, voyant que je change, se mette à changer lui aussi et que s'instaure un nouveau type de réciprocité.

DÉFENSE OU INTERDIT?

Une autre piste peut être de chercher à savoir si, quand on demande à quelqu'un de ne pas faire quelque chose, il s'agit d'une défense ou d'un interdit. Car ce n'est pas la même chose.

Comme la plupart des emplois du mot l'indiquent, conformément à l'étymologie – du latin *defendere*, qui signifie «repousser» –, défendre, c'est d'abord protéger contre une attaque éventuelle: contre, s'il s'agit d'un territoire, un empiétement éventuel; contre, s'il s'agit d'une opinion ou d'un pouvoir, une contestation éventuelle. Quand je défends mon territoire toutes griffes dehors, mes idées sans en démordre, ma position sociale sans rien lâcher, c'est en fait moi que je défends.

Un interdit, c'est, comme là encore son nom l'indique – inter-dit –, quelque chose qui est dit entre toi et moi. L'interdit pose quelque chose, des mots, entre l'autre et moi : il sépare, il ouvre une distance, il trace des limites. Or poser une limite à l'autre, c'est aussi s'en poser une à soi-même : les limites ont cette particularité d'être bifaces, ce que rappelait aux Latins la figure du dieu des portes, Janus. Par là, puisque nous courons nous-même le risque, en interdisant ceci ou cela, de n'être pas aimé ni respecté, ou du moins de ne l'être pas comme il nous plairait de l'être, l'interdit permet à l'autre de courir le risque que nous ne voudrions pas, peut-être, qu'il coure parce que, s'il lui arrivait quelque mésaventure, nous en souffririons, ou parce que, s'il s'envolait de ses propres ailes, il nous échapperait, il s'avérerait différent de nous, n'ayant pas les mêmes frayeurs, ni les mêmes goûts, ni les mêmes réticences, etc., et que cela, dans notre relation avec lui, nous obligerait à redéfinir nos propres façons de voir. Voilà ce qui tant nous effraie devant la perspective de poser un interdit.

Alors, au lieu de laisser l'autre en faire son affaire, l'entendre comme il l'entend, nous en faisons notre affaire à nous : nous tombons dans le piège de la défense. Nous prétendons le protéger contre lui-même, comme on dit. Mais comment espérer alors qu'il grandisse ?

Par exemple, de quoi le fait de demander à un enfant de ne pas toucher le poêle parce qu'il est brûlant peut-il être la défense ? De ma tranquillité ; de ma peur qu'il ne

se brûle ; de ma culpabilité si jamais il se brûlait ; de...
D'une foule de choses, somme toute, qui, en fait, ne
regardent que moi et en rien « son bien ». Et le voilà qui
se précipite sur le fruit défendu que nous lui avons présenté sans nous en rendre compte : « Ah, tu ne veux pas,
eh bien tu vas voir ! »

Pourtant, il faut bien lui interdire d'y toucher, puisque,
s'il y touchait, il se brûlerait. Assurément. Parce que c'est
comme ça : on se brûle si on touche un poêle allumé. Je te
le dis. Et je te dis aussi que j'aimerais autant que tu ne te
brûles pas.

8
Et si tu te brûles?

Et si tu te brûles? À quoi, alors, suis-je sensible? Est-ce au fait que tu *t*'es fait mal − «Mon pauvre petit, Maman va te soigner»? Est-ce au fait que tu *m*'as désobéi − «Tu ne m'écoutes pas quand je te parle, c'est bien fait pour toi»? Est-ce au fait que tu as désobéi − «La prochaine fois, tu réfléchiras avant de faire le contraire de ce que je te dis»?

À moins que je n'aie mis une barrière pour empêcher que tu n'approches du poêle. Mais tu grandis en taille. Jusqu'à quelle hauteur faudra-t-il que je hausse la barrière au fil des ans?

Ces façons, banales, de réagir quand un enfant ne fait pas ce qu'on lui a dit de faire − ou quand on a peur qu'il ne le fasse pas: «Il ne peut pas encore comprendre», ou «De toute façon, il n'écoute jamais, alors, il faut bien que je prenne mes dispositions » – en disent beaucoup plus long que tous les discours.

Laisser l'enfant se brûler sans prendre sur soi de lui interdire d'approcher le poêle pose un problème. Lequel ? C'est une façon de le laisser agir au gré de ses caprices du moment, c'est-à-dire de l'abandonner : de le laisser seul, sans protection, tout en se prétendant compréhensif.

Ne pas laisser l'enfant se brûler sans prendre sur soi de lui interdire d'approcher le poêle pose un problème. Lequel ? C'est une façon de ne lui laisser comme marge d'action que celle qui satisfait à nos propres peurs ou à nos propres caprices, c'est-à-dire de l'abandonner : de le laisser seul, sans protection, tout en prétendant le protéger – car ce que protège la barrière, ce n'est pas l'enfant, mais le poêle : à la place de celui-ci, mettez la chaîne hi-fi de la maison, et vous comprendrez tout de suite.

Prendre sur soi d'interdire à l'enfant de toucher le poêle sans pour autant en barrer l'accès lui permet en revanche de faire plusieurs expériences :

– celle qu'il n'est pas seul, puisqu'il y a une personne à ses côtés, même si, dans l'immédiat, il la vit plutôt comme opposée à lui ;

– celle, s'il se brûle, que l'interdit posé est cohérent avec ce qu'il éprouve ;

– celle, donc, que la parole de cet adulte est un repère fiable ;

– celle que, tout en l'ayant averti, on lui laisse la possibilité de courir des risques, de faire ses propres expériences : de grandir non seulement en taille mais en sagesse.

Comment protéger tout en permettant de grandir ?
C'est apparemment contradictoire. Mais c'est là l'enjeu
essentiel : soit l'enfant fait l'apprentissage de la soumission passive, soit il fait celui de l'obéissance dans le discernement.

9
S'opposer

On dit souvent d'un enfant qu'il fait de l'opposition
C'est oublier que le premier à faire de l'opposition – et à
être vécu comme tel –, c'est l'adulte face, par exemple,
aux explorations tous azimuts du tout-petit quand il
commence à se déplacer par lui-même.

Protéger, c'est en effet bien souvent s'opposer. C'est
donc être vécu par l'enfant – ou par l'adolescent et, ne
nous voilons pas la face, par bien des adultes – comme
s'opposant à lui, comme brimant sa « liberté individuelle ». Serions-nous méchant quand nous nous oppo-
sons ainsi ?

Un certain nombre de nos concitoyens semblent l'imaginer. Ils oublient de faire la distinction entre les places et
les rôles différents qu'occupent celles et ceux qui détiennent l'autorité d'une part et celles et ceux qui, d'autre

part, doivent leur obéir. Ils oublient que détenir l'autorité, c'est être responsable ; c'est accepter d'avoir soi-même grandi ; c'est donc aussi, on n'y pense guère, accepter d'avoir un jour à mourir : que deviendront-ils, le fils, la fille, si jusqu'à ce jour-là ils ont été empêchés de grandir ? Si jusqu'à ce jour a été nié que le temps passe ?

S'opposer pour protéger n'a rien à voir avec être gentil ou être méchant aux yeux de qui que ce soit. Il ne s'agit pas d'être aimé, mais d'aimer. Un proverbe le rappelait autrefois : « Qui aime bien châtie bien. »

AU NOM DE QUOI S'OPPOSER ?

Il ne s'agit pas pour autant, comme on pourrait l'imaginer, d'être sans arrêt à l'affût des moindres bêtises que pourrait faire l'enfant, comme ces parents qui disent : « Quand il est là, il n'arrête pas de faire du bruit, et il faut sans arrêt être derrière lui. Quand on ne l'entend pas, on se demande toujours ce qu'il est en train de nous préparer. » Le lecteur aura reconnu la logique qui mène à, finalement, enfermer l'enfant derrière les grilles d'un parc. C'est très confortable pour les adultes. En revanche, cela ne favorise guère l'intégration de l'enfant — comme on aime à dire aujourd'hui — dans la vie commune de la famille et, plus largement, de l'entourage.

Or c'est précisément au nom de la vie commune qu'il convient de s'opposer à ce qui présente un danger. Y compris quand l'accident éventuel affecterait, imagine-t-on, l'enfant lui-même et lui seul. Car ce n'est jamais l'enfant lui-même qui est seul affecté : c'est l'ensemble de la vie familiale et, plus largement, de son entourage (école, copains, amis, etc.).

Sur ce point il en va de l'enfant comme de l'adulte : il ne s'appartient pas davantage que l'adulte ne s'appartient. Cette affirmation peut heurter. Un exemple permet de la comprendre : celui de la circulation routière. Pourquoi me demande-t-on de mettre une ceinture de sécurité ? « De quoi se mêlent-ils ? Puisqu'il ne s'agit que de moi, je suis bien libre de courir les risques que je veux. C'est mon choix. » Sans doute, ne soyons pas naïfs, le motif immédiat qui a inspiré cette mesure a été de faire faire des économies aux compagnies d'assurances. Néanmoins, il y a une justification humaine à ce que l'on s'oppose ainsi à ma « liberté individuelle » : la responsabilité qui est la mienne de ne pas exposer ma famille, mes amis, etc., à la souffrance, voire à la perte, que serait pour eux le fait que je sois blessé, voire que je meure. On rejoint là ce qui est le sens et la légitimité de toute loi et de toute règle : le souci du bien commun, de ce que tout à la fois chacun et l'ensemble des membres d'une communauté parviennent à vivre de façon satisfaisante, donc sans que personne soit exclu.

À cette lumière, l'inconvénient que présente le parc est double. D'une part, il risque fort d'être vécu par l'enfant comme une exclusion de la vie commune, qu'il voit continuer aux alentours sans lui. D'autre part, il empêche l'accès à l'exploration accompagnée de territoires nouveaux avec ce que cela comporte de risques et d'apprentissages de premiers linéaments de discernement entre ce qui doit se faire et ce qui ne doit pas se faire. Sans doute le parc répond-il à une situation immédiate, mais en user est oublier que le temps va passer.

RETOURNEMENT

Or le temps passe. Les enfants grandissent. La situation, dans de nombreux cas, se retourne alors : c'est eux qui se mettent à s'opposer à l'adulte. C'est l'arroseur arrosé. Pour peu qu'ils aient vécu l'opposition de l'adulte non pas comme ce qui leur permettait de grandir mais comme ce qui y mettait obstacle, ils vont reproduire le modèle dont ils ont fait l'expérience : s'opposer pour leur seul bien-être particulier, voire s'opposer pour s'opposer puisqu'ils n'ont perçu que cela.

À QUOI S'OPPOSER ?

Voilà qui pose la question de la façon dont le sens de l'opposition de l'adulte – assurer la vie commune – se traduit en de multiples interdictions quotidiennes sur des détails : de quoi la vie est-elle faite sinon de détails ? À quoi donc est-il légitime de s'opposer ? Qu'est-ce qui présente un danger pour un enfant ?

Il y a à cette épineuse question une première réponse, qu'on peut dire objective : tout ce dont la loi commune dit que cela présente un danger pour lui. Par exemple, la loi commune dit qu'il est dangereux pour un enfant de n'être pas instruit de ce que la société commune exige de chacun de ses membres.

Une autre réponse objective est qu'il est dangereux pour un enfant de tenir devant lui des discours ou d'adopter devant lui des attitudes qui pourraient lui faire croire qu'on peut impunément bafouer la loi commune.

Ensuite de quoi on entre dans un domaine beaucoup plus subjectif: chacun des adultes auxquels l'enfant a affaire a sa propre façon d'envisager ce qui est ou non dangereux en fonction de sa propre histoire, de ses expériences d'enfant et des leçons qu'il en a tirées, de ce que les adultes lui ont appris et de ce qu'il en a gardé ou rejeté. S'y ajoute ce qui se raconte dans l'air du temps. Combien de livres, combien d'émissions de télévision ou de radio, combien d'articles et de périodiques sur l'enfant de zéro à deux ans, de deux ans à six ans, sur l'adolescence, etc., où l'on trouve tout et son contraire! Comment s'y retrouver dans ce bric-à-brac, sinon en se demandant comment il se fait qu'on soit réceptif à telle orientation plutôt qu'à telle autre, ce qui renvoie chacun d'entre nous à sa propre histoire, à ses expériences d'enfant et aux leçons qu'il en a tirées, à ce que les adultes lui ont appris et à ce qu'il en a gardé ou rejeté.

En dehors de ce qui est communément défini comme n'étant pas à faire, soyons clairs: il est impossible de déclarer que ceci ou cela est en soi dangereux ou non; il est impossible par conséquent de fixer des règles générales et, *a fortiori*, de vendre des recettes prétendument infaillibles. Car, c'est la richesse des êtres humains, chaque enfant – chaque subordonné –, chaque parent – chaque supérieur –, chaque famille – chaque établissement –, et chaque situation qui les met en présence sont irrémédiablement singuliers, uniques. En particulier dans leurs ressources, dans leur capacité à imaginer ce qui permettra à chacun et à tous – y compris les adultes et les « décideurs » – de grandir.

Mettre en œuvre ses propres ressources et celles de son entourage prend souvent beaucoup de temps ; là encore, soyons clairs : cela prend toute une vie. Pire encore : cela mène bien des fois à se tromper. Mais depuis quand et en vertu de quel décret est-il condamnable de prendre le temps nécessaire et de se tromper ?

Cela mène parfois aussi à devoir endurer – ou à devoir laisser endurer – une souffrance, par la difficulté à exercer ce qu'on appelle la patience : savoir être au côté de l'autre sans prendre les rênes à sa place.

Table

RÉALISATION : PAO ÉDITIONS DU SEUIL
IMPRESSION : S.N. FIRMIN-DIDOT À MESNIL-SUR-L'ESTRÉE
DÉPÔT LÉGAL : MARS 2006. N° 84591 (78367)
Imprimé en France

À quel psy se vouer ?
Psychanalyses, psychothérapies : les principales approches
Collectif sous la direction de Mony Elkaïm
2003

Ma psychose, ma bicyclette et moi
La raison de la folie
Fritz B. Simon
2003

La Sagesse du désir
Le yoga et la psychanalyse
Christiane Berthelet Lorelle
2003

L'Homme relationnel
Jean-Jacques Wittezaele
2003

Les États autistiques chez l'enfant
Frances Tustin
(nouvelle édition)
2003

Manger beaucoup, à la folie, pas du tout
La thérapie stratégique face aux troubles alimentaires
Giorgio Nardone, Tiziana Verbitz, Roberta Milanese
2004

Pourquoi, docteur, notre enfant a-t-il des problèmes ?
Anny Cordié
2004

Quand la famille marche sur la tête
Inceste, pédophilie, maltraitance
Martine Nisse et Pierre Sabourin
2004

Traiter les cas difficiles
Les réussites de la thérapie brève
Richard Fisch et Karin Schlanger
2005

Des yeux pour guérir
EMDR : la thérapie pour surmonter l'angoisse,
le stress et les traumatismes
Francine Shapiro et Margot Silk Forrest
2005